唐胥铁路往事

李木马 —— 著

TANG-XU TIELU
WANGSHI

中国铁道出版社有限公司
CHINA RAILWAY PUBLISHING HOUSE CO., LTD.

图书在版编目（CIP）数据

唐胥铁路往事 / 李木马著 . — 北京：中国铁道出版社有限公司，2023.6
ISBN 978-7-113-29994-1

Ⅰ.①唐… Ⅱ.①李… Ⅲ.铁路运输－交通运输史－中国－清代－通俗读物 Ⅳ.① F532.9-49

中国国家版本馆 CIP 数据核字 (2023) 第 035062 号

书　　名：**唐胥铁路往事**
作　　者：李木马

责任编辑：王晓罡　　　**联系电话**：(010) 51873343
装帧设计：闰江文化
责任校对：苗　丹
责任印制：赵星辰

出版发行：中国铁道出版社有限公司（100054，北京市西城区右安门西街 8 号）
印　　刷：北京盛通印刷股份有限公司
版　　次：2023 年 6 月第 1 版　2023 年 6 月第 1 次印刷
开　　本：880 mm×1 230 mm 1/32　印张：9.5　字数：180 千
书　　号：ISBN 978-7-113-29994-1
定　　价：78.00 元

唐胥铁路是中国铁路的源头

序言

唐胥铁路，漫过钢轨的意义

　　唐胥铁路是中国铁路的源头，是中国第一条官督商办铁路、第一条标准轨距铁路，更是一条成为中国铁路网起始并沿用至今的最早的铁路。这几个"第一"毋庸置疑奠定了其在中国铁路史上的地位。如果说唐胥铁路为中国铁路开了头，那么它是以标准轨距为标志，为中国铁路发展开了一个标准的好头，正是它，引领了一个多世纪中国铁路不断发展的走向。

　　由于唐胥铁路及后来的延展带来的运输畅通，两根钢轨如坚强有力的钢铁手臂，推动了开滦煤矿的迅猛发展，进而使一个昔日的小山村成为中国北方近代工业的发源地，催生我国北方工业重镇唐山的繁荣，直接影响了中国近现代的工业布局……

　　唐胥铁路的出现是清末洋务运动的直接产物，而洋务运动则是西方产业革命催生的现代工业文明对古老中国政治、经济、社会影响和冲击的产物，透过偶然性，是其历史的必然性。

　　洋务运动前期口号为"自强"，后期口号为"求富"。而开设开平煤矿和修建唐胥铁路的初衷及目的，大抵处在"自强"和"求富"之间。当时的中国内忧外患，风雨飘摇，面临着被列强瓜分的危险。一批有识有志之士奋起救亡图存，他们以富国强兵为目的，以学习西方先进科技为手段，进行了艰苦卓绝的努力，也取得了一些显著成效，客观上推动了中国生产力的发展，在促进中国民族资本主义产生与发展的过程中，在一定程度上抵制了外国资本主义的经济输入，打开了封建教育制度的缺口，促进了中国教育的近代化和国防的近代化。

　　作为洋务运动"果实"的唐胥铁路，其历史贡献以及作用、意义早已漫过了两根钢轨，伸进了萌芽时期的中国近代民族工业体系，以及国人最初对工业文明的认知与观念之中。

　　的确，唐胥铁路这根巨大的线索，直接牵连着中国近代工业史的开端，关联着诸多近代史上的重大事件和重要人物。譬如，随着曾任江苏巡抚的李鸿章升任直隶总督而使得洋务运动重心北移；譬如，詹天佑的出国留学、成长历练与洋务运动的文化背景、社会环境的关系；譬如，重视教育的直隶总督王文韶接受原唐胥铁路总工程司金达的建议，克服重重困难，建起我国第一所工程高等学府——山海关北洋铁路官学堂（即原唐山交通大学，现西南交通大学）；再譬如，晚清的洋务运动，以及其庞大的人才团队和实际不小的作为，乃至其在封建体制和内外交困境遇下的局限与尴尬……

　　我试图穿越唐胥铁路这段"时空隧道",进入这段历史的内里,发掘、梳理、阐释,顺着唐胥铁路这根"藤"摸到它结出的"瓜",以及这些"瓜"带给我们的认知与思考。

　　当然,仅凭现有的史料难免让人力不从心,借助文字与图片去探寻历史,文图中的历史都不可能全面准确地还原历史真相,朝着这个方向努力的过程,需要推理和逻辑分析,甚至需要想象力的介入。好在,铁路历史文化散文的定位为我提供了这个空间。这个探寻与表达的过程充实、快乐而有意义。

　　如果说唐胥铁路锃亮的钢轨轨面像历史的长镜,照见天地之间的岁月沧桑,我们可以看出,从唐胥铁路肇始之初的艰难坎坷,后续延展的一波三折,直到新中国成立以后,中国铁路才真正迎来了发展的春天。特别是自 2008 年我国第一条时速 350 公里的京津城际铁路开通以来,中国跨入高铁时代,经过十几年发展,中国高铁已经领跑世界。我们站在新时代中国铁路发展的历史维度,深情回望唐胥铁路,会有更深的感慨:正是从当年唐胥铁路东延西展,编织出今天纵横万里的中国铁路网;正是当年造出"龙号"机车的工厂,百余年后制造出了中国第一辆高铁动车组车厢……历史的巧合中往往蕴含着历史的必然。

　　百余年中国铁路之树何以蓬勃茂盛,我们可以顺着它的主根——唐胥铁路去追寻答案。在昂扬奋进的新时代,中国铁路必将书写出崭新的壮丽篇章!

目 录

第一章·铁路，想说爱你不容易 / 001

最早的"国人看铁路" / 003

"执着"的英国"朋友" / 012

谁是中国铁路"第一" / 017

筑路缘由不简单 / 027

旷日持久的争论 / 034

第二章·成如容易却艰辛 / 043

先前的另一个计划 / 045

此路何时修 / 050

此路有多长 / 054

作用不可替代 / 060

延伸，标准轨距之幸 / 064

第三章 · "龙号"机车之谜 / 073

"龙号"机车的制造过程 / 075

亦真亦幻"大飞轮" / 083

"龙号"机车从哪里"出阁" / 093

机车制造者及行驶时间 / 100

"中国火箭号"何时称"龙号" / 105

第四章 · 历史深处的身影 / 111

不容易的"李中堂" / 113

呕心沥血唐廷枢 / 124

英国"高级打工者"金达 / 141

工地小伙詹天佑 / 151

邝景扬和他的伙伴们 / 162

第五章 · 故事之外的故事 / 167

"二次通车"与王家河桥 / 169

"马拉火车"未足奇 / 174

"0 号"机车也成谜 / 177

孙中山两次来唐山 / 183

"河头花园"与胡佛 / 189

第六章·文物身边的文物 / 193

双桥里，以及那些远去的地名 / 195

老南厂地震遗址 / 204

老道口，老天桥，老雨棚，老水塔 / 207

唐山矿 1 号井 / 217

胥各庄站与煤河 / 223

第七章·"铁枝"结硕果 / 233

路矿带动城市发展 / 235

"唐山交大"今昔 / 244

中国铁路第一厂 / 255

燃起燕赵革命火种 / 270

今日唐山铁路、煤矿 / 277

后　记　稿纸上的小火车 / 283

第一章

铁路，想说爱你不容易

"想说爱你并不是很容易的事"。借用歌词来形容铁路在与古老中国邂逅时的坎坷与纠结是较为贴切的。铁路与火车，作为第一次产业革命的工业发展成果，自然而然地向世界各国蔓延与辐射，而铁路在晚清的中国遇到的"纠结"与"麻烦"最为典型。可以想象，一个曾以"道法自然""天人合一"为基本价值观的古老国度，在猝然面对产业革命成果之一的火车时的错愕、恐惧与不安……

最早的"国人看铁路"

俗话说："先有车，后有辙"，而铁路肇始，则是先有轨道而后有火车。

最早关于轨道的记载，是从 1660 年英国矿山铺设的木轨开始的。经过一百多年的发展，轨道由木轨到铁皮包木轨，再到钢轨；与轨道配合的车轮由最初的凸车轮，改进为凹车轮，逐渐具备了今天火车轨道和车轮的雏形。可以说，轨道的诞生优化了道路的质地，让车辆从颠簸与泥泞中解放出来，减少了车轮与路面的接触面积，也减少了车轮与道路的摩擦力。而这时候的动力，还是以人拉马拖为主——也就是说，优化了道路，但没有解决车辆动力问题。

作为产业革命硕果之一的蒸汽机的发明，带来了铁路发展真正的春天。

1769 年，原始的蒸汽动力机车在产业革命的故乡英国出现，最初的机车速度慢、操控难，还得经常停下来加煤加水。人们反复实验，不断改进。1814年，出现了可以拉8节煤车、载重30吨、时速6.4公里的火车头。火车，也开始进入人们的视野。

钢轨像藤蔓一样蔓延。

随着蒸汽机车和轨道技术的成熟，铁路终于由矿山伸向更为广阔的天地。1825年，英国诺斯贝兰德煤矿公司聘任斯蒂芬森为工程师，成功修筑从达林顿至斯托克顿的铁路。1825年9月27日，世界第一条正式运营的铁路——斯托克顿至达林顿铁路通车。随着一声汽笛长鸣，"旅行者号"犹如一头钢铁巨兽，牵引着长长的"铁龙"在大地上奔驰。在这条全长40公里的铁路上，头戴礼帽的斯蒂芬森亲自驾驶着自己制造的"旅行者号"蒸汽机车，牵引着6节煤车和20节载满乘客的车厢在轨道上飞驰。这列火车总载重量达80吨，最高时速24公里。这是世界铁路史上一次里程碑式的运输。

煤矿周围的居民看见隆隆驶过的蒸汽机车，烟囱浓烟滚滚直往外喷火，车轮摩擦着钢轨火星四溅，便开始叫它"火车"。从此，火车这个名字流传开来，而跑在火车前头的蒸汽机车也随之被称为"火车头"。

这是工业史和铁路史上的标志性事件：世界上第一条真正的铁路和第一台真正的机车诞生了。

到19世纪80年代，铁路技术已经由发源地英国传播到美国、法国、比利时、德国、加拿大、俄国、奥地利、荷兰、意大利、瑞士、西班牙、秘鲁、印度、澳大利亚、南非、日本等国家。这个时候，铁路技术随着广泛的使用而逐渐完善，已经达到相当高的水平，机车与车厢之间的连接、适应高海拔地区运行、穿山过河等技术也相继被攻克。

到了1876年，铁路终于在中国大地上出现了，它就是吴淞铁路。只可惜这条全长14.5公里的铁路，是当时英国人欺骗清政府擅自修建的。它在运营一年多之后，被清政府当作让人害怕的"怪物"赎回并拆除。吴淞铁路像风雨飘摇中的一簇火苗，一闪即灭，但它让人们在中国大地上目睹了铁路的真容。

鸦片战争以后，古老中国的大门被列强轰开，一些有识之士在困顿中求索，开始把目光投向世界，在令人猝不及防的历史巨变中思考国家未来的道路。在这个"睁开眼睛看世界"的过程中，林则徐、魏源、洪仁玕、王韬、薛福成、马建忠、郑观应等人，不同程度地关注到了铁路与火车。

作为清代政治家、思想家的林则徐在任湖广总督期间，就一边主张严禁鸦片、抵抗侵略，一边组织人员翻译外国书刊。英国人所著的《世界地理大全》在他的主持下被编译为《四洲志》，第一次把火车知识传播到中国。

清代启蒙思想家、政治家、文学家魏源则提出了"师夷长技以制夷"的主张。他在林则徐主持编译的《四洲志》的基础上，增补了大量翔实资料，还将德国传教士郭实腊编译的《贸易通志》中关于火车介绍的内容摘录其中，完成了《海国图志》。书中第一次让国人看到了铁路火车图。

或许很多人会感到意外，在中国最早提出铁路"系统规划"的人是太平天国时期的洪仁玕。

洪仁玕作为太平天国时期的政治家，以其远见卓识，在他所著的《资政新篇》第二条"兴车马之利，以利便轻捷之妙"中，提出了在中国兴建铁路的设想和规划：

倘有能造外邦火轮车，一日夜能行七八千里者，准自专其利。

同时，他还提出了在全国修筑交通运输线路的方案：

先于二十一省通二十一条大路，以为全国之脉络……

可以说，这是中国人在借鉴西方国家建设、经营铁路经验的基础上，第一次勾画出全国铁路网。遗憾的是，由于时局的变化，洪仁玕的铁路计划未能付诸实施。

被尊为中国第一报人的王韬，也曾在《弢园文录外编》的《原道》中介绍欧洲各国火车情况，他认为铁路是欧洲富强的重要原因。近代外交家薛福成在 1878 年发表《创开中国铁路议》，论述铁路建设的主张与建议。

曾任开平矿务局粤局总办的中国近代维新思想理论家、启蒙思想家、实业家郑观应，也多次发表文章阐述火车对交通运输的便利，他在所著的《盛世危言》中论述铁路十大好处，称"铁路、轮船是古今未有之奇特设备"。

中国早期有机会游历或出使西方的人员，几乎无一例外地谈到对铁路和火车的观感，如随赫德游历西方的斌椿、出使英国的郭嵩焘等，都对铁路与火车表现出强烈的兴趣。

1859 年游历欧洲的郭连成，对其所见的铁路和火车有这样生动的描述：

……稍焉，烟飞轮动，远胜于飞，恍在云雾中，正是两岸猿声啼不住，火车已过万重山。虽木牛流马之奇、追风赤兔之迅，亦不可同年而语矣。

在晚清，对修建铁路介绍最具体、最到位的人是马建忠。

作为清末学者、外交家的马建忠，是一位学贯中西的人才。《清史稿》中有这样的记载："建忠博学，善古文辞，尤精欧文，自英、法现行文字以及希腊、拉丁古文，无不精通。"他后来撰写的《马氏文通》一书，成为中国第一部专门研究古汉语语法的书籍，由此奠定了中国语法学的基础。

马建忠专门撰写《铁道论》，提出"立富强之基者，莫铁道之若也""中国当行而不容稍缓"的主张。他早在 1879 年就建议借鉴西方国家发行国债筹资的方法先修津京段铁路。同时，他旁征博引，详细介绍了铁路在欧洲和北美的一些国家，以及印度发展的历史，论述铁路对于运输、通信、财政的重要意义，甚至特别阐述了

⬆ 马建忠

铁路建设中筹款、制造、经营等方面的方法。可以说，马建忠是中国考虑修建铁路实际操作层面问题的第一人。同时，面对强势的保守派的反对，锐气十足的马建忠直言不讳地批评中国对铁路意义认识的不足，认为地大物博的中国特别适宜建造铁路，并条分缕析地论述了铁路在节用、开源、救患方面的巨大作用。他还特别强调中国建设铁路在国家安全方面的紧迫性：英、俄、法在其本国及其殖民地所筑的铁路，已经通到中国的南、西、北三面，对中国形成包围之势；自主修建铁路对中国而言势在必行，迫在眉睫，越快越好。

　　就修建铁路的具体方案而言，马建忠建议可以先修筑从天津到北京这一段铁路，认为其利有六：

　　一是此段路线已有英国人勘察过，事半而功倍；
　　二是距离较短，容易建成；

⬆ 郭嵩焘

三是此段往来官商较多，能起到好的宣传效果；

四是津京地位重要，这段铁路运行得好，中国其他地方更易着手；

五是可以通过这段铁路培养铁路专门人才，可以挑选华人，学治道途，学置铁轨，学驶轮车，学司收纳，他日可用于南北铁路线上；

六是在举借外债方面从严管理，为将来做好示范，亦为将来举借外债打开通道……

同样遗憾的是，在当时的体制和环境下，马建忠的建议没有能够左右当权者的意志与决断。但后来，唐胥铁路西延到天津，进而由天津延伸到北京，则印证了马建忠的先见之明。

中国首位外交使节郭嵩焘，也是中国最早主张修建铁路的先觉人物之一。在出使前，郭嵩焘已经认识到铁路的益处，1876年初到达英国后，他详细考察了西方铁路的现状，加深了对铁路的认识和了解，为他晚年铁路思想的形成奠定了坚实基础。出使归来后，他在深刻洞察国情、民情的基础上，冷静思考中国的未来，认为铁路发展是大势所趋，应循序渐进地进行试办，而非大规模地兴建铁路，并主张商办铁路。可以说，郭嵩焘的铁路思想代表了当时中国人对铁路认知的最高水平。后来，他将自己在中国兴建铁路的想法写成文章，寄回朝廷，清晰表明自己的见解：将西方强盛简单地归结于船坚炮利是错误的，只有学习西方的政治和经济，打好经济基础，兴建铁路，发展中国工商业，才是出路。

然而，郭嵩焘的这封饱含智慧与心血的奏折换来的却是朝廷大臣们的耻笑。作为晚清官员中的"先知先觉者"，他屡屡直言，一针见血地指出："天下之大患，在士大夫之无识""天下之大乱，由大臣之无识酿成之"。

如果说唐胥铁路是一出大戏，那么它终于等来了关键人物的出场。中国最早认识到铁路建设的重要性，并能够在当时的环境中绕开阻碍、付诸实施的实权派人物，是后来升任直隶总督兼北洋大臣的李鸿章。李鸿章认为修铁路是国家大事，过去不让外国人在中国修铁路是对的，但我们自己应该抓紧兴办铁路。

其实早在 1872 年，李鸿章就提出修建铁路的主张，但因遭到保守派的强烈反对而作罢。1874 年，李鸿章又通过总理各国事务衙门上奏《筹议海防折》，第一次向朝廷正式提出修筑铁路的建议，但时任总理各国事务衙门大臣的恭亲王奕䜣告诉他："此事重大，

⬆ 李鸿章

恐无人主持。"实际上是告诉他反对者太多，朝廷不会同意。结果果然是"廷臣会议，皆不置可否"。在当时，清廷高层对铁路建设看不准，并无定见，也不敢轻易表态。

在实力派朝廷权贵中，恭亲王奕䜣是支持李鸿章修铁路的，他和后来主政总理各国事务衙门的醇亲王奕譞，都是清末洋务运动的主要领导者，也先后充当李鸿章身后的"后台老板"。但这些官场老手对铁路又是非常谨慎的，当1874年冬天李鸿章向奕䜣建议"先试造清江至北京铁路以便南北运输"时，奕䜣告诫李鸿章："无人敢主持""两宫亦不能定此大计"。可见当时修建铁路的阻力之大。

"执着"的英国"朋友"

产业革命肇始于英国，世界铁路发源于英国亦属必然。本着效益和资源两大目的，英国人特别热衷于向世界各国宣传推广他们的铁路技术。其实早在唐胥铁路以前的几十年间，一批又一批的英国"友邦人士"就一直策划着在中国修铁路了，这里面有官员、军人、商人、工程师各色人等。

早在 1844 年，就有英国商人谋划修筑从印度加尔各答到中国广州的铁路。1847 年，英军海军军官戈登私自勘查中国台湾基隆煤田，密谋在基隆港与矿区之间敷设一条铁路，以方便运煤出口。1848 年到 1863 年，英国外交大臣、驻华大使等要员都曾千方百计想说服清政府修建铁路，还曾经偷偷到广州、北京等地进行勘查"踩点"。可以说，"中国铁路"这块"肥肉"，早就令他们垂涎三尺。

后来，积极性越来越高的英国人不仅一边劝说清朝官员，一边悄悄勘查路线，甚至还集体给清政府写了"申请"。

　　1863 年 7 月，在上海以英商怡和洋行为首的 27 家洋行，呈请时任江苏巡抚李鸿章，要求获得修筑上海至苏州铁路的特许权。1863 年 11 月底，英、法、美三国领事进而通过上海海关道向李鸿章提出"拟造火轮铁路一条，自沪至苏，俾便往来行走"。

　　兹事体大，李鸿章随即向总理各国事务衙门作了禀报，并陈述了自己的主张：

　　三国同声造请，必有为之谋者，未必尽出于商人，亦未必遽甘于绝望，鸿章当力持定见，多方禁阻，并函致各通商口岸，一体防范。

　　李鸿章的意思大致是：三个国家异口同声申请在咱这里修铁路，必定有为其出主意的，主意也未必都出自商人，我们不同意，三国也未必认为没有一点希望而甘愿放弃，我将坚持确定的意见，多方阻止，并致函各通商口岸，一起提防洋人这个企图。

　　这时候的李鸿章，被时势推到风口浪尖，成为清廷要员中第一个面对铁路实际问题的人。

　　此时李鸿章对铁路已经开始了观察与思考，他给总理各国事务衙门的呈报也颇有点耐人寻味。首先，他没有正面评价修筑铁路的优劣，只是客观陈述了这件事情；其次，他道出一个基本事实："三国同声造请"，意思是英、法、美三个国家都是经过认真考虑的，三国很重视在中国修铁路；再者，他强调会全力阻止外国人的企图，并通知各通商口岸，一起提防外国人在中国修铁路。

　　李鸿章在呈报中暗含了没说出来的潜台词：三个国家很重视修铁路，铁路一定会为其带来好处，我们坚决不能让外国人在中国修铁路，但铁路这东西如果真好，将来咱可以自己修……

　　进士出身的李鸿章公文水平实在是高：既让朝廷保守派看不出破绽，又不露痕迹地早早把修铁路的伏笔悄悄埋在了其中。

　　英国人很执着，虽然被李大人拦了一道，但并没有放弃努力。

　　1864 年 3 月，英国领事巴夏礼来到上海，当面向李鸿章提出修建铁路的事情，结果自然是又被李鸿章拒绝了。

　　同年，神通广大的怡和洋行专门邀请英国铁路建筑工程师斯蒂文森来中国考察铁路问题。斯蒂文森以踌躇满志、指点江山的铁路权威姿态，向清政府提出了一个庞大的，且他料定必然会鼓舞人心的修筑中国铁路网的综合计划：以汉口为中心，东到上海，西到四川、云南，南到广州，再从东行线之镇江北到天津、北京。这样一来，中国的上海、广州、汉口、天津四个通商口岸，也是中国最重要的商业中心，都将由铁路连通起来。即使今天看来，这也不啻为一个诱人的宏伟计划。但是，"英国朋友们"不会想到，在农耕文明延续几千年的古老国度，这个计划是不可能被欣然接受的。

　　英国人太执着。1865 年 6 月，清政府与列强签订的一些不平等条约到了十年修约期，英国人又开始打算盘动心思了，一心想趁着修约之机把修铁路的事"加塞儿"放进去。同时，为了在修约时迫使清政府就范，英国商人还加大了对铁路的宣传造势，于是乎，北京宣武门外 0.5 公里长的窄轨小铁路，就这样应运而生了。

很执着且太执着的英国人从来没有放弃，在努力说服清政府答应修铁路的漫长道路上，英国商人和英国政府上下互动，几乎想出了所有能想的办法。他们特别不能理解：很多国家都主动愿意修铁路，而在特别适合修铁路的中国，为什么这么难呢？后来事态逐渐升级，他们一看软磨硬泡不成，那就玩高层次的：搞国家级理论研究与国策建议。

1865 年 11 月 6 日，对中国情况比较熟悉的英国人、时任中国海关总税务司的赫德向清政府的总理各国事务衙门递交了《局外旁观论》，建议试办铁路。赫德认为，外国好的办法中国应学应办，比如，铸造银钱以便民用、做轮车以利人行、造船以便涉险、电机以速通信等。1866 年 3 月 5 日，英国公使阿礼国照会总理各国事务衙门，并附上了参赞威妥玛的《新议略论》，他认为中国政府如果修建铁路、采五金煤炭等矿、练新军等事项，西方国家既高兴，也会出手相助。

面对外国人如此重视的重量级建议，1866 年 4 月 1 日，不太情愿的清廷只得下发上谕，要求江苏、江西、浙江等沿海沿江各省主要官员，就开矿、筑铁路等事宜迅速展开讨论并提出意见，"务条分缕析，悉心妥议，专折速行密奏"，意思是既然外国人如此重视，那咱得好好研究研究。

这次重量级讨论中，曾国藩、李鸿章、左宗棠等各地官员意见基本一致——不可办理，即便修筑铁路和开采矿山，也要中国人自己办理，万不可将开矿、修路的主权拱手让于外国人。当时，朝廷内外，举国上下，一致反对外国势力在中国修铁路和跑火车。

后来北京宣武门、天津租界的小铁道，以及偷偷修建的吴淞铁路，无一例外是英国人操刀。再后来的中国铁路"第一正版"的唐胥铁路，也是英国铁路技术人员设计和指挥修建的。

英国人虽然客观上帮着晚清官民普及了铁路知识，但他们主要还是想通过在中国修铁路开展运输业务和推销铁路设备多赚银子。当然，还可能有更重要的政治、军事上的考量。

1881 年，经过几十年的艰难努力，在时机相对成熟的时候，真正意义上的中国铁路终于诞生了。

是时，李鸿章通过唐廷枢请来了英国铁路工程师金达，在赞成与反对胶着拉锯战的夹缝中，终于艰难地建成了唐胥铁路，开了中国官督商办铁路之先河。英国铁路工程师金达，用今天的话说，就是知名外国专家。直到 1905 年詹天佑主持修建京张铁路以后，金达和他的伙伴们几乎主导了中国铁路近 30 年的技术发展走向。

梳理这些纷繁的脉络可以看到，在此过程中国人守住了最初的底线——路权。无论外国技术力量占有怎样的优势，也主要是作为弥补中国工程技术的人才短板而施展作为的。直到以詹天佑团队为代表的中国铁路技术团队成长、壮大，能堪当大任以后，外国铁路技术力量才逐渐淡出中国舞台。

谁是中国铁路"第一"

说起中国第一条铁路，可谓众说纷纭，莫衷一是。

准确地说，早在唐胥铁路修建之前，在中国大地上的确出现过几次修建铁路的行为。虽然它们如火车轮轨擦出的火花，一闪即灭，但这些火花的确是真切地闪现过的，也在历史的天空中留下了闪烁的痕迹。

归结起来，这些"火花"闪烁了四次。

先行试点：北京宣武门外的"广告铁路"

1865 年，英国商人杜兰德在北京宣武门外，沿着护城河修建了一条 0.5 公里长的小铁路，也有史料称其为"德小铁路""展览铁路"。这应该是中国大地上出现最早的一条"铁路"了。

的确，正如"展览铁路"的名字，修建这条小铁路的初衷只是为了供人参观之用。"英国朋友"并不是看着苦巴苦业的中国人没啥娱乐项目，要在北京城帮着修一条小火车观光路线，而是想以小铁路为广告，让清政府和国人看到铁路的可爱与便利，为在中国修筑铁路广造舆论。

在这条 0.5 公里长的"展览铁路"上，英商用 1 辆蒸汽机车牵引 6 节客车，招募数十名摩登女郎招摇过市，吸引公众眼球。京城各色人等不仅没见过火车，更很少见到西洋女子，一下子就引起了大规模的街谈巷议，一时间满城轰动。

英商原本还指望慈禧太后能够赏个脸，来观赏一下，不料慈禧太后以"观者骇怪"为由，勒令步军统领衙门出面迫使英商拆除铁轨，还责令通饬地方大员，强调对于外国人请来开设铁路之事，务必设法阻止。这时慈禧太后对铁路的态度，与两年前李鸿章奏折中表明的态度是高度一致的。

不过设身处地想，那时，从清廷最高统治者到普通百姓的心目中，铁路和火车的确是个难以让人接受的"大怪物"，而且是个人造的"怪物"。在当时国人的观念中，这种非天然的"人造怪物"虽然令人感到新奇，但更令人恐惧。

满怀热情的英国人万万没想到，这是一次"剃头挑子一头热"和费力不讨好的表演。严格意义来说，这一小段昙花一现的窄轨小铁路，没有客货运营，算不上实际意义上的铁路。

继续试点：天津租界的游玩铁路

到了 1872 年，英商又在天津租界内修建了一条铁路，名曰"游玩铁路"，其实这是一条与北京宣武门外"广告铁路"一脉相承的翻版复制"广告"。

细想一下，这条"广告铁路"在天津出现并非偶然，原因大致有二。其一，第二次鸦片战争后期，英法联军攻占天津，海上国门被撞开——客观上推动了天津开埠。1860 年 12 月，英国第一个在天津设立租界，而后各国相继效仿。多国租界的开辟，洋人大量涌入，使天津这个中国北方海滨城市各个方面都率先受到西方文化的影响，中国官民思想观念也随之转变起来。其二，历史上的关键事件往往都与关键人物相关。1870 年，李鸿章升任直隶总督，后又兼任北洋大臣。作为倡导洋务的中坚人物，李鸿章经常在天津处理洋务和外交事宜，具有港口优势和纷繁外交事务的天津，顺理成章地逐渐成为洋务运动的核心。

此时，在举国上下依然一致反对修铁路的时候，李鸿章适时而试探性地提出：

……与其任洋人在内地开设铁路电线，又不若中国自行仿办，权自我操，彼亦无可置喙耳……

"洞若观火"的洋人感觉到，这位李大人更具有接受西方工业文明的可能性。因此，为了说服和影响李鸿章，英商选定在天津租界进行北京没有行得通的铁路"广告"。

于是，英国商人在天津紫竹林码头一带，也就是沿海河岸边的土路上，铺设了一条长 1.5 公里的环行小铁路。在试乘活动的十几天前，英商便把请帖送到了官衙府县，火轮车的广告宣传单也大张旗鼓地贴到了天津城内。

此时，天津城里就像炸了锅。1872 年 9 月，火车开始试运行，官民奔走相告，观者如云。李鸿章和一些地方官员作为主要嘉宾应邀前往观看并试坐小火车。运行第一天，火车先挂一节货车环绕租界运行数趟后，又加挂一节客车，安排了 50 名中国人乘坐体验。李鸿章与英国领事坐在客车的上等座位，其他官员和随行者坐下等座位，火车绕着租界转了一圈，行驶得又快又稳，观者一路叫好。

当时坐在小火车上的李鸿章，透过婆娑树影，望着波光粼粼的海河，内心一定是不平静的。次日他便致书英国领事："此火车之来中国，可谓创观，其制作亦可谓精美之至。于行动一切均甚便捷，甚为适用之物……"同时，他还为试行的火车命名"利用号"。英国人行动力很强，在数日后的表演中，火车头上已经标上了"利用"二字。

可以说这次英国人达到了基本目的，李鸿章有些喜欢上火车了。

与上一次在北京宣武门外不一样的是，看到"广告效果"的英商很高兴，他们宣称"这项活动是非常成功的，并且可以期待一个美好的前景"。虽然这条游玩铁路在今天看来，只相当于海河边公园景区的游览小火车，但它的确让国人开了眼界，也为 9 年后的唐胥铁路诞生及后来铁路延展到天津，做了一次比较务实的"舆论宣传"和"前期广告"。

基隆煤矿轻便铁路

基隆煤矿轻便铁路在中国早期铁路中占有一席之地。说到基隆煤矿轻便铁路，不得不说到丁日昌。丁日昌历任江苏巡抚、福建船政大臣、福建巡抚。他任福建巡抚期间，在基隆煤矿修筑了一条很短的轻便铁路。这条铁路 1876 年 9 月 7 日开始动工，同年 12 月 5 日铺轨到井口，长约 1.6 公里，使用骡马牵引，用于矿区内运输煤炭。有意思的是，该路使用骡马牵引矿车，为后来修建唐胥铁路上奏中声明"使用骡马牵引"提供了站得住脚的先例。

与之相近的，台湾还有一条未完成的铁路。

1877 年 1 月 9 日，丁日昌上奏朝廷，提出在台湾修建铁路，并详细论述建与不建铁路的"十利十害"，这份论点鲜明、论据充足的建议得到李鸿章的支持，也开了清政府批准修建铁路的先例。

后来，吴淞铁路拆除下来的一些旧轨料运抵基隆后，原准备用于继续修建铁路之用，可惜在筹建期间，丁日昌因病离职，加上时局动荡，修铁路的事终因经费没有着落等原因而中止。

吴淞铁路："真"铁路来了

如果说北京宣武门外和天津租界的小铁路、小火车，大体上还属于景区游览车的性质，仅仅起到了一定的演示和广告作用，那么，1876 年出现在上海的吴淞铁路，就是运货载客的"真家伙"了。吴淞铁路是目前公认的"中国第一条铁路"。

当时的时代背景是，在大多数国人一头雾水的情况下，古老的国门被外来的强制力撞开，"现代"这个词在一个没落王朝的趔趄中闪出了巨大的空当，等待与之相适应、相匹配的事物来填补。吴淞铁路就是钻了这个空子的产物。

铁路的起点在上海闸北租界，终点是宝山县吴淞口，全长 14.5 公里，1876 年 1 月开工，7 月 3 日上海至江湾段通车，12 月全线通车。这是一条轻便窄轨铁路，轨距宽 762 毫米，路基宽约 4.6 米，高 1 米；使用每米重 15 公斤的轻型钢轨，枕木长 1.4 米，宽约 15 厘米；沿线桥梁均为木结构，有跨越小河木桥 15 座、涵渠 20 座。铁路与其他道路交叉处大都设有平交过道，两侧道口设有防护栅栏，全线道口约 50 处。全线设有上海站、江湾站和吴淞站三处旅客乘降车站。

由于吴淞铁路后来连续出事，加速了它多舛夭折的命运。1876 年 7 月 18 日，吴淞铁路公司人员率工人在江湾用篱笆圈占乡民之地，引起乡民公愤，两名工人及洋人被打伤；8 月 3 日，火车在江湾镇北试车时轧死一名行人，引起乡民愤怒，抗议声浪迭起；十几天后

① 吴淞铁路的起点在上海闸北租界，终点是宝山县吴淞口，全长 14.5 公里。

的 8 月 16 日，又发生运料火车与载客火车相撞事故。在连续发生事件与事故的情势下，经过上海地方官吏交涉，8 月 20 日，无奈之下的英国公使威妥玛令上海英领事转饬英商，停驶吴淞铁路火车，同时停止铁路续建工程。

同年 9 月 10 日，李鸿章与威妥玛在烟台会商马嘉理案时，也一并讨论了吴淞铁路事宜。这时，坐在李鸿章身后担任翻译的，正是后来开平矿务局和唐胥铁路的实际筹划者唐廷枢。在与英国公使就关于吴淞铁路的"深入交流"中，此时的李鸿章和唐廷枢，对铁路的认识与理解，以及对国人之于铁路的态度，自然会比别人更深一层。特别是有着怡和洋行管理层工作经历的唐廷枢，对朝野上下之于铁路的"底牌"更是相当"门儿清"。

后来经过反复会谈，经南洋大臣沈葆桢向英方代表"解释"，英方终于同意由中方买断，并订立《收买吴淞铁路条款》。赎买的事情定下来，但钱没付清之前铁路仍要继续运营。1876 年 12 月 1 日，停运多日的吴淞铁路恢复运营，正式宣告上海至吴淞口全线通车，全程行驶 30 分钟。

到了 1877 年 10 月 20 日，清政府如期付清了赎买铁路的 28.5 万两白银，英国人只好无奈地办理移交手续。铁路赎回之后，如何处置成了各方关注的焦点。时任两江总督的沈葆桢认为"今若此路不拆，恐英人援此以为例"，他雷厉风行，以异乎寻常的速度，在收回当年就将铁路全部拆除。后经福建巡抚兼台湾学政丁日昌奏准，将钢轨等材料运至台湾，拟于台湾敷设铁路使用，后由于无力筹款，筑路一事被长期搁置，运至高雄的吴淞铁路钢轨也因日久锈烂，不能再用了。

客观地说，吴淞铁路的确是出现在中国的第一条载客运货的营运铁路，在中国乃至世界铁路上都有不小的名气，但也有一些学者认为，吴淞铁路不能算真正意义上的"中国铁路之源"。主要有三个原因：其一，它是非法的，这是一条在外国侵略者采用欺骗、蒙蔽手段下修建的铁路，当时英美商人合伙，向清朝当地官员申请购地，说是要修筑一条"寻常马路"，结果后来竟然未经允许就铺了一条铁路出来，可以说是没有"准生证"；其二，这条铁路是窄轨铁路，是矿山运煤小铁路的复制品，自然不能称得上是中国铁路真正的源头；其三，吴淞铁路也是短命的，对这条突然出现的铁路，"国"与"民"都是惊诧错愕且义愤填膺的，迫于来自朝野上下的多方压力，这条铁路运营一年多就被清廷赎回并拆除了。

吴淞铁路，像一株偷偷私栽且刚刚冒芽的小树苗，没有成活下来，也自然与后来中国庞大的铁路网没有发生血脉联系；再者，它是非"标配"的窄轨铁路，是矿山运煤小铁路的复制品，自然不能称得上是中国铁路真正的起点。

耐人寻味的是，这条短命的吴淞铁路并不是没有一点积极意义，首先依然是给铁路做了"真实广告"，其次是给后来的淞沪铁路起到了投石问路的作用。1897 年，清政府以官款按吴淞铁路原线路走向修建了淞沪铁路，并于次年建成通车。

当初，从上到下都让国人烦透了的一条铁路，21 年后又被"废物利用"，可见谙于"经世致用"之道的前辈们的转变之大。但实话实说，这个时候，经过战争失败等无数事实教育的朝野上下，对发展铁路的态度早已一百八十度大转弯了。这是时代前进的必然力量，不以政治势力与个人意志为转移。

序幕过后，正剧开演，下面要说 1881 年正式通车的唐胥铁路了。经过反复努力，开平矿务局终于在唐山修建起官督商办的唐胥铁路。这条铁路是中国真正成功保存下来，并实际应用至今的第一条铁路，也是中国第一条采用 1435 毫米国际标准轨距的铁路，由此揭开了中国自主修建铁路的浩大序幕。

筑路缘由不简单

唐胥铁路的基本脉络是：矿为煤开，路因矿修。

19 世纪 80 年代，随着国门被动打开，近代资本主义开始萌芽，工商业逐步发展，作为主要能源的煤炭成为紧俏物资。当时，几乎所有通商口岸的主要运输任务都是进口煤炭，货源主要来自英国、澳大利亚等国。所以，挖矿采煤自然成为关乎国计民生的大事。开平矿务局作为中国第一座现代化煤矿，其地位和重要性不言自明。

表面看来，和 19 世纪欧洲很多矿山铁路一样，最初的唐胥铁路看似就是一条为矿山运煤而修的铁路。但从其筹划、修建到运营，特别是坚持采用国际标准轨距，以及后来的展筑而逐渐成为国家长大铁路干线，似乎不是一条简易矿山铁路与铁路干线的"偶然巧合"，唐胥铁路的背后可能潜藏着谋划者超乎矿山运煤的思考。

铁路的诞生，是产业革命以后机器化大生产对运输效率的客观要求。纵观世界上很多早期铁路，主要任务就是用于运送矿山开采

⊕ 矿务局"乃谋开运河，东由胥各庄起，西至芦台"。上图为位于芦台镇
闫庄的煤河石砌水闸和潮闸；下图为芦台河口。

的煤炭和其他矿产至附近的通航水域。筹划中的唐胥铁路，在请求修建的措辞中，正是沿袭和借用了这样的说法才得以被勉强批准的。

之所以说最初修建的唐胥铁路只是一条矿山运煤铁路，是因为它的动议和修建以及所有权，都归当时官督商办的开平矿务局所有。鉴于之前"正面强攻"的铁路修建在中国的"遭遇"，唐胥铁路要想修成，其动议与行动必须低调出场。换句话说，在当时的大环境中，低调是不二之选的上策。

出版于 1924 年的《中国铁路史》是这样描述的：

> （唐山煤井）出煤极旺，李鸿章乃奏请修筑铁路，以便运煤，经奉旨依议，并派矿务局工程师金达督修。正筹备间，忽奉旨收回成命，盖为守旧派所阻挠也。修路之议不成，矿务局乃谋开运河，东由胥各庄起，西至芦台。而唐山煤井至胥各庄长约七英里，地势陡峻，不宜于河，遂复请修建轻便铁路，又因朝廷禁驶机车，乃声明以骡马拖载，始得邀准，盖实马车铁路也。

这段距离唐胥铁路仅仅几十年的权威记载应该是可信的。简短的文字中已经明确无误地勾勒出唐胥铁路一波三折的坎坷命运。

"奏请修筑铁路，以便运煤"，说的应该是一条唐山到芦台的铁路，由于"盖为守旧派所阻挠"，所以"正筹备间，忽奉旨收回成命"。这时候，矿务局退而求其次，"乃谋开运河，东由胥各庄起，西至芦台"，但后来由于胥各庄至唐山地势逐渐升高，煤河不能通达矿井，要运煤就必须要接着煤河再修一段路。而由于铁路运输成本最低、效率最高，所以修铁路是最好的选择。但鉴于"朝廷禁驶机车"，唐廷枢主动声明这条铁路"以骡马拖载"。这样一来，就在被动中用以退为进的方式悄然占据了主动，让上边再也找不到拒绝的理由。

之所以首选铁路运煤，主要是因为其是运输先进生产力的代表。1876年底，在唐廷枢带人勘察矿、路情形后向李鸿章递交的报告中，洋行买办出身的唐廷枢把经济账算得可谓细而再细：唐山煤用西法开采，采煤费用降低后，主要是盘算和比较陆路、水路、铁路各种运输方式的成本。如果用牛车将煤运到芦台，由芦台装船沿蓟运河运到天津，每吨成本为白银四两七钱，再运到上海则将超过白银六两。而如果能修造一条由煤矿至沿海的铁路，煤炭运输成本就会大幅度降低，即使再转运到上海，每吨的成本也超不过白银四两，将低于进口煤炭价格。

其实，这里还隐含着两笔账：一是铁路运输的供应量可使包括北洋海军在内的北方大量军用、商用、民用煤炭价格降低；二是可以减少大量的煤炭进口，以及南煤北运的成本。

唐廷枢的落脚点是：苟非由铁路运煤，诚恐终难振作也。意思是不通过铁路运煤，煤矿恐怕很难发展起来。之所以这样说，并且这样看重成本，还有一个重要原因，就是开矿这件事儿，朝廷和当地政府基本没有投资，主要款项来源是招募商股集资。股东的钱是身家血汗钱，这就逼着这位唐老板必须把账算精、算细、算透，否则赔本赚吆喝，开平矿务局以后的日子就会难以为继。

运煤，当然是修建唐胥铁路的直接目的。即便说是运煤，这些上好的煤炭，主要也是运到了北洋舰队的炮船上，充作国防能源。但又不仅仅是运煤，还有其背后更重要的国防和发展经济的"大目的"。在晚清的政治体制和上上下下的观念中，在中国修铁路、跑火车几乎是比登天还难的事情，关于这一点不用过多赘述，仅从"宣武门外小火车"和"吴淞铁路"即可见一斑。对清政府实际掌权者慈禧太后和掌握实权的保守派王公大臣们来说，铁路和火车这些"西洋怪物"是绝不允许在天朝版图上出现的。在他们心中，这是一件不吉利、乱纲常、坏风水的事情。但修铁路实在是一件无论如何也绕不过去的大事，铁路不修，不行；铁路要修，硬来，更加不行。只能深入周详地思考、斡旋和等待时机。

机会终于来了，在开平发现了煤矿，北洋海军的军舰又等着用煤做燃料，水运由于地势原因又不能直抵唐山，面对运输成本和运输量的双重要求，在唐山到胥各庄之间修一条运煤铁路，就成了唯一方案。于是，在中国的北方，从开平矿井和一个名叫胥各庄的小镇之间，一条真正的铁路得以诞生。

早在 1875 年，清光绪皇帝命令直隶总督兼北洋大臣李鸿章创建北洋水师。从那以后，由李鸿章主导陆续从英国、德国购买了一批舰船。其中，还包括从德国购买的"定远""镇远"这两艘当时世界上最先进的铁甲舰。这批舰船的动力系统均采用往复式蒸汽机，需要大量优质煤炭作为燃料。那么对于北洋水师这个"吞煤巨兽"，大量的煤炭从哪里来呢？1876年，李鸿章委派唐廷枢到滦州开平（今唐山市开平区）勘测并找到了大煤矿。

1878年，中国历史上第一个采用近代采煤技术的煤矿——开平矿务局诞生了。1881年，煤河通船，唐胥铁路通车，煤炭运输问题初步解决。1882年，开平矿务局年产煤炭3.8万吨，完全能够满足北洋水师的需求。

事实胜于雄辩。慢慢地，唐胥铁路和上面跑的火车渐渐为官民认可。1887年，曾纪泽（曾国藩之子）经李鸿章递给海军衙门的《请造津沽铁路折》中写道：

> 臣曾纪泽出使八年，亲见西洋各国轮车铁路，于调兵运饷、利商便民诸大端，为益甚多，而于边疆之防务，小民之生计，实无危险窒碍之处……大沽口距山海关约五百余里，夏秋海滨，水阻泥淖，炮车日行不过二三十里，且有旱道不通之处；猝然有警，深虞缓不济急。且南北防营太远，势难随机援应，不得不择要害各宿重兵，先据所必争之地，以张国家阃外之威。然近畿海岸，自大沽北塘迤北，五百余里之间，防营太少究嫌空虚。如有铁路相通，遇警则朝发夕至，屯一路之兵，能抵数路之用，而养兵之费亦因之节省。今开平矿务局于光绪七年，创造铁路二十里，复因兵船运煤不便，复接造

铁路六十里，南抵蓟河边阎庄为止。此即北塘至山海关中段之路，运兵必经之地。若将此铁路南接至大沽北岸，北接至山海关，则提督周盛波所部盛军万人，在此数十里间驰骋援应，不啻数万人之用。若虑工程浩大，集资不易，请将阎庄至大沽北岸八十余里铁路先行接造，再将由大沽至天津百余里之铁路逐渐兴办。若能集百余万两，自可分起告成。津沽铁路办妥，再将开平迤北至山海关之路，接续筹办……且北洋兵船用煤，全恃开平矿产，尤为水师命脉所系。开平铁路若接至大沽北岸，则出矿之煤，半日可上兵船……

谁都无法再相信，因运煤而诞生的唐胥铁路仅仅只是让它作为运煤的"配角"出现。

正所谓万事开头难，中国铁路的"头"就这样艰难地开了。

旷日持久的争论

　　纵观世界铁路史，关于力主修建铁路与反对修建铁路的争论与角逐，双方力量之强，持续时间之长，在清末之中国可谓少有。

　　这场争论是立体而全面的。从具象到抽象，是两种思想观念和价值观的深层次较量。

　　晚清关于是否兴办铁路的争论，从 1863 年以英商为代表的西方各国商人开始向清政府施压，要求在中国修建铁路，直到 1888 年，朝廷批准了海军衙门请许建造津通铁路的奏折，正式表明支持修建铁路，持续了二十多年。

　　1872 年，李鸿章提出"开煤铁矿与火车路"的设想。1874 年，他在由其幕僚薛福成代笔的《筹议海防折》中力主仿设铁路，但廷臣会议皆不置可否。就这样，清政府第一次在高层次场合商讨修铁路的事，就未置可否地撂黄了。

　　到了 1875 年初，李鸿章趁进京叩谒同治皇帝梓宫时，晋见恭

⊕ 爱新觉罗·奕䜣

亲王奕䜣，面陈铁路之利，建议试修一段，可惜依然没有结果。

1876 年，福建巡抚丁日昌也积极向朝廷建言在台湾试造铁路。朝廷统治者认为台湾地处东南一隅，无碍大局，于是勉强批准。但因为经费匮乏等原因，这条铁路最终搁浅。

1877 年 4 月 7 日，恭亲王奕䜣以总理各国事务衙门的名义呈报了奏折，列举了修建铁路的好处：

而实为台地所宜行，至铁路、电线相为表里，无事时运货便商，有事时调兵通信，功用最大。

1877 年底，出使英国的郭嵩焘看到了铁路对促进欧洲发展的重要性，主张救国要务莫过于修建铁路。

1880 年底，在李鸿章的授意下，淮军将领刘铭传向朝廷呈递《筹造铁路以图自强折》，明确提出：

自强之道，练兵、造器固宜次第举行，然其机括则在于急造铁路。铁路之利，于漕务、赈务、商务、矿务以及行旅、厘捐者不可殚述，而于用兵一道，尤为急不可缓之图。

还建议修建"清江至京师铁路"，并规划了四条干线铁路：

南路宜修二条：一由清江经山东，一由汉口经河南，俱达京师；北路宜由京师东通盛京，西通甘肃。

这也是中国历史上第一个较为全面的铁路方案。

面对这样一个有理有据的重量级方案，清廷谕令李鸿章和两江总督刘坤一悉心筹商。不料，李、刘二人尚未复奏，曾为光绪帝老师的内阁学士张家骧抢先上书，力陈开造铁路约有三弊：

恐洋人深入内地，借端生事；恐民不乐从，徒滋纷扰；恐虚糜帑项，赔累无穷。

同年底，在李鸿章的授意下，薛福成呈递上 4000 多字的《妥筹铁路事宜折》，全面阐述了兴办铁路将有利于国计、军谋、京师、民生、转运、邮政、矿务、轮船、行旅招商等九大利，还建议任命刘铭传督办铁路公司事宜。针对张家骧的反对意见，还在奏折的附片中作出解释：兴办铁路不仅方便本国，而且可以防止洋人攘夺路权。同时，兴办铁路对商业、交通、矿务都是极大的促进，是扩民生计，并不存在扰民问题。关于路款不足的问题，可以在不出卖路权的前提下商借洋款。还提出"朝廷决计创办""破除积习而为之"。

同年，军机大臣左宗棠上奏，建议修建清江浦到通州的铁路。

而此时的保守派也毫不退让，纷纷上疏反对，论战到了白热化的程度。

1881 年初，降调顺天府府丞的王家璧上折，指责刘铭传筹造铁路的奏折是李鸿章授意而为，攻击刘、李倡议兴办铁路"似为外国谋，非为朝廷谋也"，说"人臣从政，一旦欲变历代帝王及本朝列圣体国经野之法制，岂可轻易纵延若此"。这无异于把兴办铁路的倡议定性为背叛列祖列宗、大逆不道的行为了。

有意思的是，两江总督刘坤一在奏折中称自己在"仿造铁路火车，实与李鸿章、刘铭传有同志"，但又认为铁路火车可能妨碍民间生计及税厘收入，态度显得踌躇暧昧起来。而此时，又有翰林院侍读周德润及通政司参议刘锡鸿上折反对修路，其中尤以刘锡鸿的反对最为激烈，影响也最大。

刘锡鸿曾为清朝驻英使馆副使和出使德、奥、匈、荷公使，在担任郭嵩焘副手的时候没少给郭嵩焘使绊子。因为他有实地考察欧洲的经历，是对洋务"内行"的保守派干将，因而他的意见颇具影响力。他上奏的《罢议铁路折》也成为反对派的"经典之作"："火车实西洋利器，而断非中国所能仿行也。臣窃计势之不可行者八，无利者八，有害者九……"一口气给修铁路列出 25 条罪状，其中有一条竟荒唐地说修铁路会惊动"山川之神，龙王之宫，河伯之宅"。

朝中极有影响和实权的同治、光绪两代帝师翁同龢读到此折后，极口称赞说："看刘云生奏铁路不可修状，言言中肯。"

刘锡鸿的奏折果然迅速起了作用。第二天，清廷做出决定：

> 铁路火车为外洋所盛行，若以创办，无论利少害多，且需费至数千万，安得有此巨款？若借用洋款，流弊尤多。叠据廷臣陈奏，佥以铁路断不宜开，不为无见。刘铭传所奏，著无庸议。

这也便否决了刘铭传修建清江至北京铁路的建议。

城府极深的李鸿章对于朝廷没有批准兴办铁路计划，也并没有感到特别意外。以他带兵和从政的经验分析，也知道当时提出兴办铁路的时机尚未真正成熟。

此时，另一位支持修铁路的重量级人物出场了，他就是清后期实权派人物，醇亲王爱新觉罗·奕譞。

1885年，中法战争结束后，清廷看到了战争期间铁路的重要性，1885年10月，成立了兼管铁路事宜的总理海军事务衙门，任命醇亲王奕譞为总理大臣，李鸿章、曾纪泽为帮办大臣。这也是中国第一个兼管铁路的政府机构。

李鸿章趁热打铁，将修铁路与加强海防联系起来，与奕譞等商定将铁路继续向西延展到大沽、天津，为避免遭到保守派反对，名曰"试办"。奕譞和奕䜣都支持修铁路，但都奉劝李鸿章不要急于求成。奕譞认为，铁路不能急于收到大的效果，主张在煤矿铁矿、

⚐ 爱新觉罗·奕譞

新开垦的地方以一两个屯兵边防口岸试办，待人们认识并接受以后，再逐渐推广。

自从朝廷有了"金以铁路断不宜开，不为无见"的明确意见后，但凡关于铁路的事，李鸿章就很少直接给朝廷上折子了，也尽量规避了朝堂上的辩论——因为这么做除了耽误时间和引火烧身之外，并不能真正解决问题。既然醇亲王奕譞给出了"先试验、后推广"的高见，那就不妨顺水推舟。

凡涉铁路之事，李鸿章尽量通过醇亲王奕譞主管的总理海军事务衙门上折子。后来，关于唐胥铁路延展和成立中国铁路公司等事宜，也都是总理海军事务衙门力主同意的。甚至可以说，唐胥铁路直到修好了，跑了火车，登了报纸，朝廷及保守派才算彻底知道了详情，于是也就有了后来保守派反对行驶机车的强烈反弹。

这是两个政治集团斗智斗勇拉锯战的过程。

1884 年 10 月 31 日，内阁学士徐致祥上奏称兴建铁路八害；1885 年 1 月 10 日，徐致祥再上一折，指责主张修建铁路的大臣是为了"肥己进身"，对刘铭传、李鸿章、刘坤一等人进行政治诬陷。此为慈禧太后所不能容忍，徐致祥由此受到降三级调用、不准抵销的处分。从这件事可以看出，随着时间的推移，唐胥铁路慢慢见到效益，事实也开始让朝廷对铁路的态度慢慢发生了转变。

到了 1888 年，李鸿章认为大规模兴建铁路的时机已经比较成熟。于是，仍通过总理海军事务衙门上奏，正式提出把铁路修到京城附近的请求，即兴建津通铁路。11 月，朝廷批准了海军衙门请许建造（天）津通（州）铁路的奏折。

然而直到此时，"信念坚定"的保守派依然没有偃旗息鼓，更不可能轻易服输。由于国计民生各方面需要在外地修修铁路也就罢了，竟然要把铁路修到京城来！受了刺激的保守派又跳出来，拼尽全力作最后一搏。

御史屠仁守、户部尚书翁同龢，以及孙家鼐、恩承、徐桐等数十名京官先后上折，激烈反对修建津通铁路。他们或仍然坚持铁路有害无利的观点，从根本上否定修建铁路的必要性；或反对将铁路修在国家的中心地带，而主张修到边远地区；等等。

即使到了最后，御史张炳琳、林步青仍认为：铁路一修，险要尽失，百利不能偿此一害。内阁学士文治认为：修铁路损己益敌，是开门揖盗。礼部尚书奎润等人认为：铁路为祖宗所未创，必须停止。

⤊ 张之洞

而此时，晚清重臣，时任两江总督，与李鸿章比肩的洋务派重要人物张之洞也加入了论战，他力主修建铁路。

张之洞认为"铁路为自强第一要端"，欧洲各国富强根源在于修建铁路。在他的提议下，清政府修建了北京卢沟桥到汉口的铁路。1890 年，张之洞主持创办了中国第一个钢铁工业——汉阳铁厂，开始为修建铁路生产钢轨。

而这时候的李鸿章，因为有了张之洞等大员的支持，特别是有了事实成果的支撑，腰杆明显硬了起来，一改以往隐忍不发的态度，指名道姓地指责那些所谓铁路是"资敌、扰民、夺民生计"的说法，是"局外浮谈，恒多失实""屡事抵牾，饶饶不已"。

可以想象，一个延续了两千多年封建王朝统治，将"天、地、人"作为主要观照对象的国度，当人们面对一个飞速奔跑在大地上的庞大"怪物"时，定然有着不可名状的恐惧。与借助于水、风乃至机器动力的大船不同，大地上奔跑的火车似有一种超然的力量，而这种力量已经远远超出了人们的认知，它更像人为制造的庞大怪兽。任由这种桀骜不驯的力量泛滥，足以冲击乃至摧毁千百年来的封建礼教与价值观，甚至可能冲击封建统治者的至高皇权。基于这些忖度，也就容易理解铁路在中华大地上诞生时的艰难。

这时候，清廷最高统治者再次犹豫了。

就在这个节骨眼上，张之洞又上折子了，他力主缓修津通铁路，先修卢汉（卢沟桥至汉口）铁路。清王朝最高统治者瞬间找到一种解决矛盾的新思路，既能把修筑铁路的事情办下去，又能缓和平息朝野上下的矛盾。1889 年，清廷正式决定，缓修津通铁路而先修卢汉铁路。同时，调任张之洞为湖广总督，主持修路。1889 年 5 月，清廷发布上谕，称铁路为"自强要策，必应通筹天下全局"。这也是清廷第一次正式宣布兴办铁路。

由于时局的发展变化和铁路利国利民的事实，反对派的抗议声浪逐渐平息下来。一场长达二十多年的兴办铁路的纷争终于告一段落，中国的铁路建设从这时起，开始了新的艰难历程。

兴修铁路是推动中国社会近代化的基础工程，正如孙中山先生所说"交通为实业之母"，而"铁道又为交通之母"。然而在晚清时期，兴办铁路的起步又是何等之艰难，遭到的反对和非难又是何等之激烈。回顾这一段历史，晚清时期，在中国这片土地上，任何新事物的发展总是困难重重，举步维艰。

第二章

成如容易却艰辛

1880 年的中国仍没有铁路，而西方一些国家已经拥有几千公里的铁路线。唐胥铁路的修建，一波三折，玉汝于成，看似偶然，实乃必然。没有在面临挑战时的锲而不舍和应时而变，中国铁路的诞生或许还要拖后。一种进步的文明可以被暂时搁置，但是不可能被永久阻挡，此乃时也、运也、势也。

先前的另一个计划

唐胥铁路的修建真可谓一波三折。

早在 1876 年 11 月，唐廷枢勘察开平煤矿状况后，在呈报给李鸿章的《察勘开平煤铁矿务并呈条陈情形》中"论由开平至涧河口筑铁路情形"内容里，就提出拟需银 40 万两，购买土地修筑开平至涧河口长 100 里铁路的计划。这个最初的计划并不是后来唐胥铁路的走向，唐胥铁路是向西，而涧河口在唐山的南面，大致是现在涧河村一带的位置。

当时唐廷枢认为这是运输煤炭的最佳方案，如能得以实现，对煤矿的开采将非常有利。1877 年 9 月 9 日，唐廷枢在呈报煤铁化验结果时，向李鸿章上报了《开采开平煤铁并兴办铁路》禀帖。唐廷枢在"论开平采煤的把握"和"论煤铁铁路一齐开办"两节中，援引台北矿务未开而铁路已成的例子，又谈了 40 万两修建 100 里铁路的规划，并称若铁路得以修通，将再开一井，不但可以使煤炭畅销天津，还能解决轮船招商局的轮船空回上海的问题。唐廷枢的经济账算得可谓精细。

而此时，恰逢清政府正与怡和洋行就购回上海吴淞铁路的事情进行谈判，唐廷枢本人有怡和洋行的工作经历，而且他的哥哥唐廷植正是怡和洋行总买办，唐廷枢当然对朝廷之于铁路的态度非常关注且十分清楚。

仅仅过了半个多月，9月27日，在唐廷枢向李鸿章呈报的《禀覆遵批议定开平矿务设局招商章程由》一折中，唐廷枢突然改口，不再提铁路这个敏感的字眼了，而是只言"筑路"。在唐廷枢的宏伟计划中，煤矿、铁路、炼铁本为一体，然而，不但章程中不提铁路，后来所有出自唐廷枢的文字材料中，也几乎见不到"铁路"和"火车"字眼。耐人寻味的是，在这么短的时间内，唐廷枢的态度何以出现如此巨大的转变？除了采取保守修建铁路的策略且另有打算之外，似乎再没有其他的可能。

随着开平煤矿建设的拓展与深入，煤炭出得多，运输问题就变得非常急迫。1879年2月7日，《捷报》报道了开平矿务局已经打消铁路修建的计划，原因是"所经之路大半旗地，躲避旗地，费用过高；北方昼夜川流不息的骡马车辆，难保无虞"。这种好似有意放口风的论调，让人们很自然地联想到吴淞铁路那个多事之秋。

1880年10月21日，唐廷枢继续向李鸿章呈报了《禀拟开河运煤并呈章程由》，称：经过亲自查看，涧河口太浅，沙淤过重，勉强开浚不但费用高，还有海水倒涌浸淹农田的风险。唐廷枢的这次勘察，与《捷报》报道放弃修建矿井至涧河铁路的理由不尽相同，却加重了运煤改道的砝码。

既然涧河口不可用，唐廷枢不得不另筹划运煤通道，经过多次查看，反复论证，最终形成了开挖阎庄至胥各庄运煤河，再由胥各庄至矿山筑快车路的组合运输方案。

李鸿章在 1881 年 5 月 20 日上奏海军衙门的《直境开办矿务折》中说"胥各庄至矿井筑马路 15 里"。之所以提出"马路"，主要是因为 1877 年唐廷枢到基隆煤矿考察，受马拉车小铁路运煤的启发，提出仿照基隆煤矿修筑一条马拉车铁路运煤。在这里，李、唐二人闭口不提铁路和钢轨，更没有说到机车等敏感字眼。这应该是为了避免刺激保守派，而不愿大张旗鼓地宣传罢了。

除了这些之外，可能还有一个原因：钱紧。原本计划 100 里的铁路修筑费用只是计划，并没有着落。而后来改道的另一个重要原因，可能是因为挖河的成本比修路要少得多。

唐廷枢在《禀拟开河运煤并呈章程由》中坦诚地说出了家底："矿局只招股本 30 万两，现已多用 10 万两有零。"即使原来计划的运输通道由铁路改为水运，资金仍难以解决，需要李鸿章给予支持，建议从机器局、海防支应局酌拨 5 万两。然而，李鸿章连 5 万两的要求也没能满足，只拨给了 3 万两。招股未足，官款无望，此时资金不足成了开平煤矿发展的瓶颈。最终，挖煤河费用 11.5 万两，

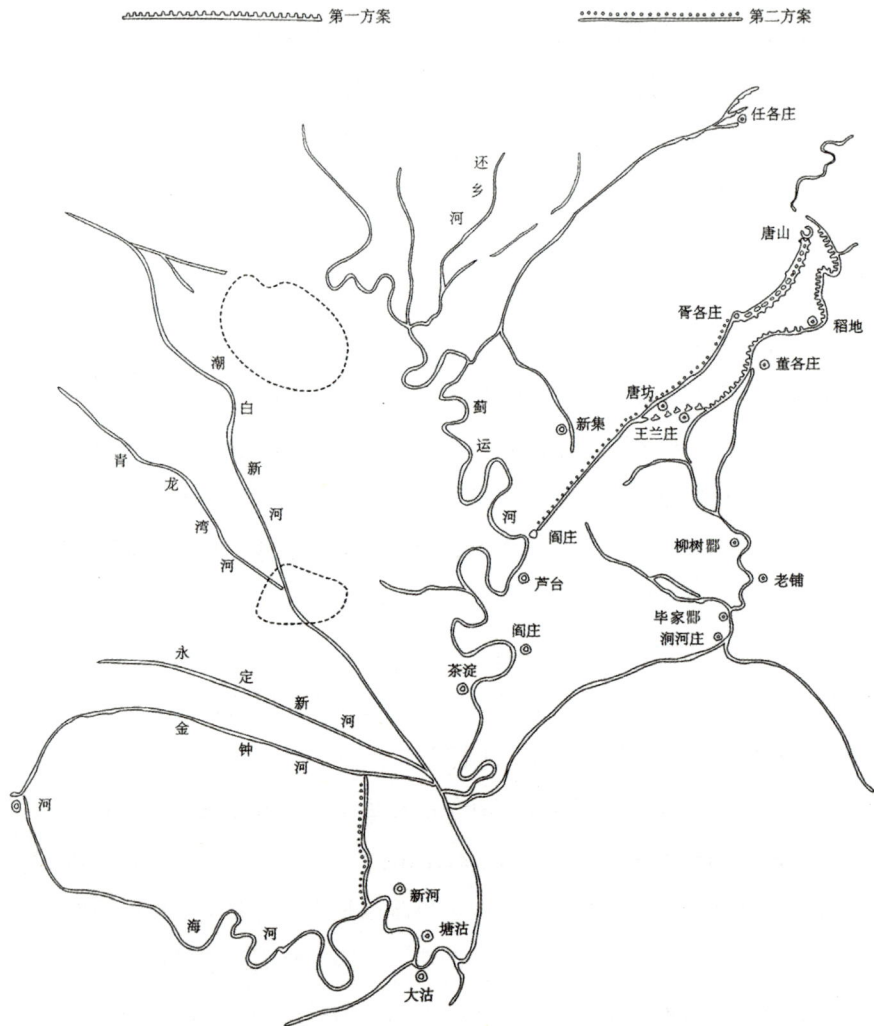

⊕ 从这张早期铁路规划图上可以看出铁路规划的不同走向。

修筑唐胥铁路费用 11 万两，合计 22.5 万两，总算将就着把事情办成了。

如果按同等地价计算，那么，唐山至涧河口 100 里铁路修筑费用支出将达到 57 万两，要比预算的 40 万两多出 17 万两。如此，开平矿务局将面临巨大的资金缺口，所以不得不使铁路改道，这便是促成唐胥铁路的另一个决定性因素。

正是这种前赶后错与阴差阳错，偶然与必然，使唐胥铁路得以建成，随着两端的不断延展，最终成为中国铁路真正的源头。关键在于，这种看似巧合与随机性的发展态势，正是后来想修天津至山海关铁路以巩固国防的李鸿章心有所念和最愿意看到的。这一点，可以通过他 1886 年给海军衙门奏折中的话得到印证：

> ……然近畿海岸自大沽、北塘迤北五百余里之间防营大少，究嫌空虚。如有铁路相通，遇警则朝发夕至，屯一路之兵能抵数路之用，而养兵之费亦因之节省……且北洋兵船用煤全恃开平，矿产尤为水师命脉所系。开平铁路若接至大沽北岸，则出矿之煤半日可上兵船……

可以说，面对来自海上的战争威胁，在大沽到山海关之间修筑铁路，以固国防，应该是李鸿章早就想办的事，只是他在等待合适的时机。

此路何时修

　　以层层剥茧的方式，慢慢揭开一层层神秘面纱，逐渐看到唐胥铁路的真容。

　　唐胥铁路东起开平矿务局（今唐山矿）煤场，西至胥各庄河头煤码头，这条铁路是开平矿务局煤炭专用运输铁路，也是在中国大地上自行建造的第一条铁路。

　　虽然从时间上看，1881 年建成的唐胥铁路比 1825 年世界上第一条铁路英国斯托克顿至达林顿铁路晚了 56 年，但从真正成熟铁路的角度来说，坚固耐用的钢轨是 1857 年才在英国开始铺设的。应该说，中国引进铁路的时间仅仅是铁路成熟二十多年后的事，并不算太晚。

　　对于探寻这条作为中国铁路源头的唐胥铁路时，首先遇到的是对其修建的时间就有多种不同的说法。新中国成立前出版的《中国铁路史》（曾鲲化著）、《中国早期的铁路经营》（李国祁著）、《中

国铁道史》（谢彬著）、《中国铁路志》（凌鸿勋著）等权威论著，
对唐胥铁路的修建日期各执一词，莫衷一是。河北人民出版社出版
的《河北近代大事记》中所载唐胥铁路修建日期，与1980年国家
经济委员会综合运输研究所编著出版的《全国运输网现状图资料简
编》的唐胥铁路修建日期也有出入。主要说法如下：

光绪五年（1879年）五月动工，十一月告竣（《中国铁路史》
曾鲲化著）；光绪六年（1880年）五月兴工，十一月告竣（《中国
铁道史》谢彬著）；光绪七年（1881年）五月兴工，十一月告竣（《中
国铁路志》凌鸿勋著）；光绪七年（1881年）五月动工，十一月告
竣（《丰润县志》）；1879年6月动工，1881年6月9日建成（《河
北近代大事记》）；1881年3月至6月建成（《全国运输网现状图
资料简编》）。

简要梳理，分别有1879年说、1880年说、1881年说。开工和
竣工月份日期亦有不同。解铃还须系铃人，厘清唐胥铁路的脉络，
还是要从主事者唐廷枢身上进行梳理。

唐廷枢的《禀拟开河运煤并呈章程由》呈文日期为光绪六年九
月初七（即1880年10月10日），呈文中说明唐山煤井第二年正
月即可见煤：

此时不得不预筹运道，以备明春出煤之路……开河一道，取名
煤河，由芦台向东北，直抵丰润属之胥各庄。再由该庄筑快车路一
条，直抵煤厂。

由此我们可以看出，运煤铁路由前文所述的"自开平南至涧河口修筑铁路"，变为呈文中"再由该庄筑快车路一条，直抵煤厂"，唐胥铁路的面目变得清晰起来，建设开始正式提上日程。

史料记载，1881 年 3 月，开平矿务局挑挖运煤河工程正式开始，8 月告竣，引芦台河水入内。据《丰润县志》记载：

（煤河）长约七十余里，宽十数丈，引芦河之水，随潮汐上下，设闸储蓄，波平浪静，四时不涸，商艘客船，樯密如林，来往洋轮疾于奔马而起，浚之处名河头。

1881 年，唐廷枢又具文《禀开平矿务局情形恳乞奏请援照台湾之例减轻出口税由》，还是算经济账。其中说：

六年九月内禀明宪台批准，于芦台镇东起至胥各庄止，挑河一道，约计七十里，为运煤之路，又由河头筑硬路十五里，直抵矿上。

从"六年九月内禀明宪台批准"一句可以看出，批准煤河开挖和"筑硬路十五里"是 1880 年的事。而从唐廷枢两次呈文中的"再由该庄筑快车路一条""又由河头筑硬路十五里"不难推断，的确是挖河在先，修路在后。或者说，二者的最后完工至少是同步的。

唐胥铁路修建时间虽有年份不同的说法，但"五月动工，十一月告竣"较为统一。而 1881 年 6 月 9 日铺设钢轨，多有佐证，农历五月为公历 6 月，"五月动工"很有可能指的是开始铺轨的日期。

而铺轨前选线、勘探、筑路基、铺石砟等工程也需时日，目前还没有发现这些工作具体开始的日期，或者说，这些工作内容也很难找到像铺轨这样容易让人记住的标志性事件。

进而不难理解，当时急于修路运煤，人们并没有这种留存"唐胥铁路大事记"的意识，因此很难确定唐胥铁路准确的开工日期。这样也就容易理解"五月动工，十一月告竣"这个共识性的大致记载了。

综上所述，目前较为可信的说法是：唐胥铁路自 1881 年年初左右开建，1881 年 6 月 9 日铺轨，1881 年底左右完工。

如果说作为"移栽植物"的钢轨，试图在中国大地上落地生根、茁壮成长，那么，坦荡如砥的冀东大平原就光荣地成为它最初出场亮相的宽广舞台。深厚且平坦的土地，没有高山大河，在这里修铁路，不需要打隧道、架大桥、砌护坡，仿佛划定方向、铺上石子、摆上枕木、连上钢轨，就可以跑火车了。所以，这里是中国初修铁路绝佳的试验场。

中国第一条标准轨距铁路，就是在这个"舞台"上正式出场了。

由于当时情势要求的"低调"，唐胥铁路绝不能搞"开工典礼"，因此也很难找到标志性的开工记录。但当第一根唐胥铁路的钢轨铺在路基上的时候，中国近代工业开始了真正的萌芽时期。

此路有多长

明摆着的一段铁路，弄准有多长还不简单吗？其实并不简单。

唐胥铁路一直在，但计算唐胥铁路的长度，存在不同起始点的不同口径，于是就有了记载中唐胥铁路不同的长度。关于唐胥铁路长度的探讨，很难从众多答案中找到一个确定的答案。我们能做的，只是为不同的长度找到一个成立的理由，进而提供一个相对权威和公认的基本数据。

1881 年 5 月 20 日，李鸿章的奏报中提到：

由芦台镇东起，至胥各庄止，挑河一道，约七十里，为运煤之路。又由河头接筑马路十五里，直抵矿所，共需银十数万两，统归矿局筹捐……

李鸿章的奏折里把唐山至胥各庄 9 公里的距离缩短为 7.5 公里，并强调修路资金由矿局负责。可见，7.5 公里这个长度并不可信，

7.5 公里，矿井与煤河两头尚且够不着，因此这个距离是欠准确的。我们猜想，7.5 公里这个数字出现的原因，很可能是报告道路长度时通常会取 5 或 10 的整数，既然不够 20 里，不妨就说成 15 里了。后来的"煤河七十里"亦是如此。

在 1882 年度的英商务领事报告中，根据开平煤矿总工程司金达提供的数据，对于这条铁路是这样记载的：

煤矿有一条小铁路——中国唯一的一条铁路，长六英里半，在铁路尽头把煤装上驳船以便沿运河运走。

金达所说的六英里半换算后应为 10.46 公里。金达是修建唐胥铁路的工程司，此时又是开平矿务局的总工程司，他所提供的信息应该具有较高的权威性。这个数据接近 1882 年建成的唐山站到胥各庄站两站中心距离 10.5 公里。况且"六英里半"也像是一个四舍五入的数字。

《清史稿》以及 1930 年编撰的《交通史·路政编》记载：

其路线由唐山煤井起至胥各庄止，凡十八华里。

这个长度，大致标明了当时开平矿煤井到胥各庄煤河河头的实际距离为 9 公里左右。1924 年出版的《中国铁路史》记载的唐胥铁路长度也是 9 公里。

1929 年出版的《中国铁道史》记载的唐胥铁路长度是 9.2 公里。

1983 年出版的《中国铁路建筑史编年》及《中国大百科全书·交通卷》记载唐胥铁路长度为 9.7 公里。《中国铁路大事记》《北京铁路局志》记载的长度也是 9.7 公里。《天津铁路分局志》记载的唐胥铁路长度是 9.67 公里，与这个长度非常接近。

1986 年出版的《中国铁路发展史》记载唐胥铁路的长度为 10 公里。《唐山市志》记载的唐胥铁路长度是近 10 公里。唐山市政协编辑的《唐山百年纪事》记载的唐胥铁路长度是约 10 公里。10 公里这个长度可能是当初唐山站与胥各庄站建成后两站中心点实际距离 10.5 公里左右的简写。

1987 年出版的《天津近代史》记载的唐胥铁路长度为约 11 公里。这个距离可能是唐山站、胥各庄站建成后两站中心点实际距离 10.5 公里左右的四舍五入的数据。2006 年出版的《中国铁路史论稿》记载的唐胥铁路长度也是 10.5 公里。

原本很简单的唐胥铁路长度，成了一道难以解开的谜题。中国第一条标准轨距铁路，它的历史地位和重要性摆在那里，至于它长一点，短一点，有必要抠得那么细吗？执着于此的大有人在。因为大家都有一个愿望：把唐胥铁路的要素弄准，给历史一个尽量准确的交代。

2011 年 10 月 15 日，唐山几位文史学者和铁路迷徒步考察和测量了唐胥铁路起终点。考察人员依据铁路公里牌和百米桩考察唐胥铁路正线（即不包括两端的站线），他们以铁路与唐山矿 1 号井井口交会线（今七滦线 17.383 公里处）为起点，即原来车皮在井口下接煤的位置，终点确立在铁路与煤河交汇处的老煤场中心点的交会线（今七滦线 8.65 公里处），两点之间距离加上起点到 1 号矿井之间的 586 米，正线与矿线距离相加是 9.319 公里。这个长度就是最初唐胥铁路建成后，煤炭从井口到河口理论上的实际运距。

无疑，这是一个重要的权威数字。

铁路文史专家李国明先生撰文称，上述几种长度都一定会有依据来源，因为随着时间推移，唐胥铁路的起止点多有变迁。

走向未变的原唐胥铁路是目前七滦线的一部分，只要以目前七滦线里程为"尺子"卡量一下，唐胥铁路几个不同时间的不同长度大致可以水落石出。

关于唐胥铁路的长度，历史上大致形成两种讲法：一是矿区至胥各庄站，二是唐山站至胥各庄站。以年代先后顺序，主要有以下 5 种情况。

1881 年的长度。据《开滦煤矿大事记》载："唐胥铁路东起唐山矿煤厂"（"煤厂"即原煤升井后的存储待运之场，位于 1 号煤井的南侧）。当时该路的起点大约对应今七滦线里程标 17.7 公里左右的地点。而最早的胥各庄站坐落在铁道南侧、现花园街居民区旁（里程标约 8.0 公里）。此时，唐胥铁路的长度约为 9.7 公里（起止点里程标数值相减）。

1882 年的长度。唐山站于该年建成，站址在现金匙立交桥处（里

⊕ 1907 年的唐山站。

程标约 18.4 公里）。此时，唐山站至胥各庄站间长度约为 10.4 公里。

1896 年的长度。唐山站迁至现唐山南站站址（里程标约为 16.96 公里）。此时，唐山站至胥各庄站间长度约为 8.96 公里。

1899 年的长度。唐胥铁路的起点已延长至 1 号煤井旁（对应里程标约 17.9 公里），以连接新建的"西北井"矿区铁路。此时，1 号煤井至胥各庄站间长度约为 9.9 公里。

民国时期的长度。胥各庄站迁至铁道北侧（里程标约为 7.7 公里）。此时，唐山站至胥各庄站间长度约为 9.26 公里。

只要将以上五个年代铁路大约的长度，分别与铁路史籍中相近的数值对比一下，就会发现数值之间十分近似。

所以，目前有关唐胥铁路最初的长度，以《中国铁路建筑史编年》《中国大百科全书·交通卷》《中国铁路大事记》《北京铁路局志》记载的长度 9.7 公里相对权威。这个长度就是 1881 年唐胥铁路开始运煤时开平矿务局煤场到胥各庄站的距离。

如同怀着虔诚与敬意为尊敬的祖先写一部传记，除了准确生动地描绘音容笑貌和生命往事，还有责任弄清先人的体重和身高。

这并不是仅仅强调必要，更是在考验真诚，表达敬意。

作用不可替代

唐胥铁路的建成虽历经坎坷，最终还是从两端不断伸向远方，结束了中国没有铁路的历史，也拉开了中国铁路建设的序幕。

唐胥铁路为中国铁路网的形成奠定了一个健康良好的开端。虽然这条铁路只有不到 10 公里，但从这里行驶出的中国自制的第一台蒸汽机车，确定的中国铁路 1435 毫米的标准轨距，则从"一点成一字之规，一字乃终篇之始"的角度，成为中国铁路建设的"标配"开端。

从 19 世纪末到 20 世纪初，以唐胥铁路为起点，修建的四条铁路干线——京奉铁路、京张铁路、京汉铁路（卢汉铁路）、津浦铁路陆续建成，成为中国早期四大铁路干线。以此为基础，建成了四通八达的全国铁路系统。截至 2022 年底，中国铁路运营总里程突破 15.5 万公里，稳居世界第二；中国高铁运营里程突破 4.2 万公里，稳居世界第一，是第二名西班牙的十多倍。全国铁路复线率和电气

⊕ 唐胥铁路的建成虽历经坎坷，却拉开了中国铁路建设的序幕。图为从船上卸载向唐山转运的钢轨和车轮。

化率分别位居世界第二位和第一位。

如果说当时的唐胥铁路是一棵羸弱的小树苗，那么几十年后它长成了一棵参天大树，百年之后则繁衍成一片森林。如果说今天的中国铁路网是一张恢宏壮丽的蓝图，那么，这张蓝图上堪称伟大的第一笔，正是唐胥铁路。

唐胥铁路是应开平煤矿需要而产生，开平煤矿与唐胥铁路是相辅相成的关系。由于运输的通畅，开平煤得以及时外销，盈利后，又助推扩大再生产，形成了良性周转。

开平矿投产后年产量迅速上升，成为我国近代机器采煤业中经济效益最好的煤矿，在较大程度上抑制了洋煤进口，使得风雨飘摇的清政府的收入有所增加，也在一定程度上逐步坚定了清政府兴办铁路的决心。

之后，开平矿务局又陆续成立了中国第一家机车修车厂——胥各庄修车厂，中国第一家铁路运营公司——开平铁路公司，为铁路专业化运营奠定了必要基础。

唐胥铁路的修建在一定程度上解放了国人的思想。保守派大臣的一句"破坏风水"足以震惊朝廷。唐胥铁路在反对与支持的夹缝中建成，用事实批驳了反对派的封建守旧思想。甚至可以说，正是唐胥铁路，成为中国由农耕文明向近代工业文明迈进的分水岭。自此，铁路这一新鲜事物被越来越多的国人接受，要求修建铁路的呼声越来越高，清政府也逐渐从严禁、默认改为积极兴办。慈禧太后甚至由担心铁路巨响惊扰东陵，转变为下令修建西陵铁路，并重赏袁世凯、詹天佑等修路有功人员。

唐胥铁路的兴建还培育了一大批早期铁路人才。开平矿务局作为中国近代"路矿之源"，与早期铁路建设有着直接联系，许多后来中国铁路建设方面的重要人物，都有过在矿务局和铁路公司任职的经历。

"中国铁路之父"詹天佑也是最早入职天津铁路公司，在唐胥铁路向两端的展筑中历练多年，特别是在滦河铁路大桥的修建中一战成名，令人刮目相看，成为令中外瞩目的铁路技术重量级人物，更为后来领衔修建京张铁路积累了经验与才干。

后来，陆续从开平矿务局走出的铁路建设和机车制造人才还有邝景扬、唐国安、陆锡贵、邝贤俦、周传谏、梁诚、孙锦芳等，他们积极投身中国早期铁路建设，成长为我国最早的一批铁路工程建设人才。

延伸，标准轨距之幸

标准轨距，是唐胥铁路的最大价值和王牌。凭借着标准轨距，庞大的国家铁路网由此发端。

铁路轨距是指两根钢轨内侧之间的距离。翻开世界铁路史，可以看到尺寸不一的轨距，有 1435 毫米、1524 毫米、1600 毫米、1880 毫米、2141 毫米、1067 毫米、891 毫米、762 毫米等。为了统一标准、提高运输效能，1937 年国际铁路协会作出规定：1435 毫米的轨距为国际通用的标准轨距，1520 毫米以上的轨距为宽轨，1067 毫米以下的为窄轨，并建议各国尽量使用标准轨距。1435 毫米的标准轨距，是英国工程师罗伯特·斯蒂芬森率先提出，并运用于 1825 年通车的英国斯托克顿至达灵顿的铁路。1846 年英国国会通过法案，要求将来所有的铁路都使用标准轨距。1937 年，国际铁路协会将其确定为标准轨距。自此，世界上 60% 以上的铁路都采用了这一标准轨距。

当然这是后话。

唐胥铁路建设刚刚提上日程，就面临着一个重大选择：选用多宽的轨距？有人主张用 762 毫米的窄轨距，也有人主张用 1067 毫米轨距。当时作为总工程司的英国工程师金达却力持定见，采用了 1435 毫米轨距。

关于铁路轨距的争论，不仅仅是一个技术问题。因为其不仅关系铁路建设的成本和火车运行速度，还影响着铁路系统的收益，更关乎铁路建设的标准，关系着铁路未来的发展。

标准轨距比窄轨占地多，成本也高，但却能够以更高的标准载客、载货。反之，窄轨铁路成本低，但运行速度慢，承载客货的标准也低。

对于唐胥铁路而言，在规划阶段由于考虑到资金紧张，唐廷枢无奈之下也比较中意窄轨，而金达却意见明确地主张采用标准轨距。因为金达早年随父亲在日本修筑铁路，耳闻目睹了日本采用窄轨铁路后，在车速、载运量、安全性、舒适度上的种种缺陷。因此，他建议，即使是采用畜力拉车的铁路轻轨，也要采用标准轨距，以保将来步入正轨时可以便捷转换。

有了技术权威金达的坚持，有了唐廷枢等人的从谏如流，才从一开始就避开了窄轨铁路的局限、困扰与烦恼。

唐胥铁路后来的发展前景，有幸被金达言中了。不仅后来将每米重 15 公斤的轻轨，更换为每米重 30 公斤的重轨时没费力气，而且，唐胥铁路的确成为庞大铁路网的发轫之地。就这样，中国铁路一起步就实现了与世界"接轨"。

1897 年，中国第二条干线铁路卢汉铁路（卢沟桥至汉口）卢沟桥至保定段开建，金达任总工程司，他带领中国铁路公司工程技术人员进行勘测、设计、施工，依然采用 1435 毫米标准轨距。

1905 年 5 月，詹天佑主持修建京张铁路之后上书清政府，进一步建议统一全国铁路工程标准，提出全国采用由开平矿务局修建唐胥铁路时所确定的 1435 毫米轨距为统一轨距。清政府据此制定了全国铁路建设的技术标准，1435 毫米就此成为我国铁路建设的"轨间定例"。关键是，1435 毫米的标准轨距是 1937 年才由国际铁路协会确定颁布的，修建唐胥铁路的"先见之明"更显得难能可贵。

有人会问，这个不零不整的 1435 毫米的轨距，到底源于何时？有什么科学依据？用一句俗语"前有车，后有辙"来解释是最为贴切的。这个尺寸是来自公元 2 世纪罗马古道的车辙轮距，而这个约定俗成的轮距的车辕，恰好可以容下两匹马并驾齐驱拉车行进。当时，英国许多道路也是罗马古道，如果造出的马车不采用这个轮距，新车就合不了旧辙，轮子很快就会被老车辙损坏。所以，后来英国矿区的铁路，也自然而然地沿用了马车的轨距。再后来，这个铁路轨距的标准被扩散到全世界。

铁路，顾名思义是钢铁的道路。我国的铁路路徽是一个世界著名的标志，简洁、传神，广受赞誉。路徽上面的圆形象征火车头的正面，下面的"工"字代表钢轨。也就是说，铁路有两样最具代表性和最重要的东西：一是火车头，二是钢轨。

钢轨的前身是铁轨，铁轨的前身是包着铁皮的木轨。

16世纪，当木质轨道在欧洲矿山被大量采用的时候，尚没有出现"铁路"这一说法。直到英国工业革命时期，木质轨道逐渐被铸铁板所替代，为了适应运输的需求，在能工巧匠的不断改进之下，逐渐演变成工字形的铸钢轨。而铸钢轨弹性差，易折断，后来被更加先进的锻钢轨替代。又过了几十年，由于炼钢技术的提高，锻钢轨又被更耐磨、更坚固、更有弹性的钢轨所取代。

借助于标准轨距这张王牌，中国铁路由唐胥向两端延展，像一条钢铁根茎朝着两个方向生长，铁路越修越长，火车越跑越远。火车与铁路，在中国的版图上渐渐找到了与大地和远方相匹配的对应之美。

1882年8月至1887年5月，开平煤矿经唐胥铁路及煤运河运至天津的煤炭，共计有40万吨左右，占当时唐山矿产量的80%。

铁路带来的改变，率先在煤炭市场上得到体现。自开平煤进入天津市场后，逐渐改变了进口煤垄断天津市场的局面。销量刺激着产量，外销的途径需要进一步开拓。而最初开挖的运河此时已暴露出局限：运行时久河道淤塞以及冬季结冰的问题开始困扰开平煤炭外运。就此，唐廷枢提出展筑铁路的请求，这一请求得到了允许。

1886年，唐胥铁路展筑至芦台。同年，中国自办的第一个铁

⊕ 1886 年，唐胥铁路展筑至芦台。图为金达（左三）带领勘测队在芦台延长线勘测。

路公司——开平铁路公司成立，收买唐胥铁路后开始展筑，并独立经营铁路业务。

1887年2月2日，总理海军事务衙门奏准接造芦台至天津铁路，并命李鸿章迅速筹议进行。同时，开平铁路公司改组为中国铁路公司，定股款100万两招商股，并于1887年4月29日发布招股章程，这也是中国铁路史上第一份公司章程。1888年，铁路由芦台修至大沽，同年8月，铁路修至天津，称为唐津铁路。

1888年10月9日，李鸿章主持通车仪式，并率官员乘"总督铁路视察专用列车"从天津直抵唐山。李鸿章对铁路工程质量表示满意，对铁路运输的快捷尤为赞赏。他事后这样记述：

自天津至唐山铁路一律平稳坚实，桥梁、车栈均属合法，除修车查检工程不计外，计程二百六十里，只走一个半时辰，快利为轮船所不及。以一机车拖带笨重火车三四十辆，往来便捷，运掉轻灵。

李鸿章在随后的《致总理海军事务衙门函》中欣喜地写道：

津沽铁路告成，鸿章于九月初五日前往查验，直抵唐山，并就便履勘唐山煤矿，出产既旺，销路亦畅，北洋兵商各船及各机器局无不取给于此。规模宏阔，机器毕具。自中国有煤矿以来，殆未见由此局势者。

1889年，铁路自唐山向山海关方向扩展，开平矿务局新建的

⊕以直隶总督李鸿章为首的新建唐津铁路官方视察团集体照，拍摄于 1888 年 10 月 9 日的唐山站。站在平板车上的前排官员左起依次为：伍廷芳、唐廷枢、周馥、李鸿章。

　　林西矿产煤在即，唐津铁路向东朝古冶、林西方向扩展，1890年竣工通车。同时，中国最早的列车时刻表刊登在《大汉公报》上，开通有开平—唐山、唐山—天津、塘沽—天津的列车，每天往返两趟。唐津铁路通车后，每月收入白银一万两左右，行车养路费用每月九千两，每年可有余利一万两左右。

　　1891年，清政府在山海关成立北洋官铁路局，开始使用清廷库银修筑古冶至关外的铁路。

　　至此，清政府用了近30年时间，艰难迈过了不允许修铁路、勉强允许修铁路、倡导修铁路、国家出钱修铁路的四道坎。

　　1894年2月27日，滦河铁路大桥建成，为当时我国最大的单线铁路桥。同年，铁路通抵临榆（今山海关），至此，线路易名津榆铁路，亦称北洋铁路。

　　唐胥铁路不断向两头延伸，名字也在不断演变。随着唐胥铁路的逐渐延长和时代的变迁，其历史名称之多，堪称我国铁路史之最。

　　1897年，津榆铁路与津卢铁路（天津至北京马家堡）贯通，两线合称山海关内外铁路，简称关内外铁路。

　　1901年4月，英国军队工程师在北京天坛东侧拐角开凿了缺口，进一步将关内外铁路线延长到正阳门东侧的前门车站。比利时军队在前门西侧也建了一座车站，成为卢汉铁路延长线上的终点站，卢汉铁路随之更名为京汉铁路。自此，中国早期的两条干线铁路在前门"握手"。

1907 年，清政府将北京至皇姑屯间铁路划归邮传部直辖，定名为京奉铁路。

1911 年，铁路由皇姑屯站修到奉天城站，京奉铁路全线贯通，并设京奉铁路管理局。至此，以唐胥铁路肇始的京奉铁路断断续续历时 30 年修筑，才修通了这条沟通华北和东北的运输大动脉，足见在积贫积弱的晚清，中国修筑铁路之艰难。

1929 年 4 月，张学良批准将奉天省易名为辽宁省，并成立北宁铁路管理局，京奉铁路随后称北宁铁路。

新中国成立后，这条线路还先后称为京沈铁路、京哈铁路，其中北京至山海关段称为京山铁路。

1996 年，京山铁路旅客列车全部改线运行，从此，从七道桥到滦县间的铁路变为京山铁路七滦支线。而今的唐胥铁路，部分属于开滦集团的矿山铁路，部分属于国有线路中的京山铁路七滦支线。

随着唐胥铁路的不断延伸而不断演变的铁路名称，也折射出中国铁路发展的历程。

更有意思的是，到了与 1881 年时隔 137 年的 2018 年，唐山又通过地方集资为主建成一条令世人瞩目的唐（山）曹（妃甸）铁路，唐曹铁路正是从唐胥铁路西边不远的七道桥站接轨。唐胥铁路接通了煤河，唐曹铁路伸向了大海，冥冥之间，两条铁路之间也许有着神秘而必然的联系……

第三章

『龙号』机车之谜

如果唐胥铁路是一个巨人，那么"龙号"机车无疑就是其怦然跳动的心脏。正是这台"龙号"机车，让唐胥铁路有了蓬勃的活力与动感；正是因为有了这台"龙号"机车，唐胥铁路才在吐纳之间积聚起混元之力与精气神。而对有很多人谈及的"唐胥铁路之谜"，"龙号"机车一直处于"谜团"的中心，至今尚未完全解开。也正是因为有了这台"龙号"机车，唐胥铁路的眉目才在历史烟云中渐渐明朗清晰起来……

"龙号"机车的制造过程

"龙号"机车是唐胥铁路的魂。"龙号"机车的准确名称是"中国火箭号","龙号"是自发的民间称呼。从某种意义上说,如果没有"龙号"机车和它牵引的车厢,唐胥铁路就不能称为真正的唐胥铁路了。

"龙号"机车是 1881 年胥各庄铁路修车厂的中国工人师傅根据英国工程师金达提供的图纸,制造出的我国第一台机车。而"龙号"机车的意义不仅仅在于它是中国人制造出的第一台机车,它牵引和承载着一段历史,更体现着第一代中国铁路人身上那种难能可贵的精神。

从 1881 年"龙号"机车在唐胥铁路上线行驶,到 1949 年新中国成立,中国有据可查的蒸汽机车有 4069 台,分别来自英国、美国、德国、日本、比利时、捷克等 9 个国家的 30 多家铁路工厂,机车型号多达 198 种,当时的中国铁路被洋人称为"万国机车博物馆"。

这台"龙号"机车作为火车头"中国制造"的"领头羊",其价值和意义可见一斑。

而已经在历史烟云中走失多年的"龙号"机车,还有很多谜底尚未揭开。

1880年,开平矿务局经清政府允准,出资在胥各庄唐胥铁路终端的运煤河码头南岸建立铁路修车厂。起初,这个修车厂规模很小,设施简陋,仅有几十名工人和几台以手摇为动力的车床,主要生产任务是利用进口车轮等钢木材料制造载重量5吨、10吨的运煤货车。

据史料记载:当时为解决牵引动力问题,工人师傅们凭借英国工程师金达提供的图纸,利用开矿井废弃的轻型卷扬机蒸汽锅炉和井架槽钢、进口铸铁车轮等材料,大胆进行改造,制造装配出中国第一台蒸汽机车。

有学者考证,当时国外有文章记述,1881年3月24日,工程师们用20磅重的蒸汽对该机车进行测试。

当时的开平矿务局英籍总工程司白内特的夫人,参照斯蒂芬森1829年设计的著名机车"火箭号"的命名,将中国第一台蒸汽机车命名为"中国火箭号"。

在唐胥铁路的历史画卷中,几乎是清一色的男性,这位为中国首台机车命名的白内特夫人,和金达的夫人一样,陪伴着作为古老中国首批外国工业专家的丈夫,来到这个神秘的东方国度,给人带

⊕ 开平矿务局英籍总工程司白内特的夫人，参照斯蒂芬森 1829 年设计的著名机车"火箭号"的命名，将中国第一台蒸汽机车命名为"中国火箭号"。

来诸如居里夫人、勃朗宁夫人一样美丽优雅的联想。遗憾的是，白内特在 1882 年被唐廷枢指派到南方勘查扬子江铜矿，因感染风寒，于 1883 年在上海去世，这位首台中国制造机车的命名者也随之消失在人们的视线中。

不久之后，可能是人们希望这台由国人打造的机车能带有中国的标识，便在机车两侧各镶嵌了一条金属刻制的龙，又给它起了个极富东方色彩的名字——"龙号"机车。

"龙号"机车尽管有了中国名字，但它依然如同一个身穿黑衣、头戴黑色礼帽的外国绅士，每天在唐胥铁路上穿梭，以陌生的形象进入人们的视野。

关于"龙号"机车的制造地点和制造过程，金达在《华北的矿山及铁路》一文中有较为清晰的记载：

自 1880 年冬季开始，在修车厂车间，一辆经我特别设计的机车在悄悄地修造，使用的是可以弄到的废旧材料：锅炉取自一轻型卷扬机，车轮是当旧铁买进的，而车架则用槽铁所制，取自唐山矿 1 号井竖井井架。6 月 9 日（1881 年），在乔治·斯蒂芬森诞辰 100 周年之日，白内特夫人敲下了第一颗道钉，并将机车命名为"中国火箭号"（Rocket of China）。随后，机车投入日常运行。

英国人肯德所著《中国铁路发展史》中对中国制造"龙号"机车做了这样的介绍：

⊕ 人们希望这辆由国人打造的机车能带有中国的标识,便在机车两侧各镶嵌了一条金属刻制的龙,又给它起了个极富东方色彩的名字——"龙号"机车。

锅炉是原来的一个轻型卷扬机上的。车轮是当作旧铁买进来的，车架则用槽铁所制，那些槽铁是借用唐山煤矿 1 号竖井的架子。造价共鹰洋 520 元，大约合 70 至 80 英镑，包括工人和所有的旧料在内。

中国工人根据外国人的图纸，制造出第一台机车，可以说是一件破天荒的事儿。《中国铁路源头》（唐山市政协文史资料委员会编著，中国文史出版社，2017 年版）一书中有这样的描述：

制造车轮时，由于机床太小，无法加工。铁路工人将机床进行了改造，增大了加工尺寸，使车轮加工顺利进行。在制造过程中，由于缺少设备，铁路工人们用拉风箱烧钉，用大锤铆钉，凭耳听目测进行检验制造锅炉……这台机车只有 3 对动轮，没有导轮和从轮，但在结构和外形上已接近现代蒸汽机车。

今天能看到的关于"龙号"机车的文字记载，包括机车图纸的提供者英国铁路工程师金达本人，都说的是"按图自制"。但有业内专家对此提出了疑问。

疑问的焦点主要有两点：一是以当时的人员、设备、技术条件，很难仅仅根据图纸利用废旧材料制造出一台如此正规的机车；二是造价与实物不符。

"龙号"机车还有另外的说法。

唐山机车车辆工厂原副总工程师闫存盛先生在《中国生产的第

一台蒸汽机车揭"谜"》中，表达出不同的观点：

> ……三轴机车采用英国传统火管式窄火箱锅炉，总体设计匀称、紧凑，机械走行部件制造精良，煤斗、水柜、制动、司机室等装备完善，外观并无改造痕迹。这种结构属于英国早期定型产品设计，在当时尚无电焊、气割的情况下，要把矿山用的锅炉和蒸汽机改造成如此模样，几乎是不可能的……《开滦矿史资料汇集》里的一份资料谈到"中国火箭号"利用旧废件的情况时说得很清楚："车轮是从铸铁废料里买来的，车身支架是用'U'形铁制造的。"细看上述三轴机车的车轮，它是带扇形偏心重的特制车轮，是普通铸铁废料里不可能找到的零件；锅炉是插入车架内侧安装的，不需要"U"形车身支架……据唐山机车车辆厂 1969 年至 1970 年间所撰《关于建厂历史调查的材料》和北宁路时期拍摄的三轴机车照片说明，该厂于 1884 年由胥各庄迁至唐山开滦西马路 23 号（今开滦唐山矿南）以后才开始装配三轴机车。此史实也能否定第一台机车为三轴机车之说……

闫存盛先生还从机车造价上进行了分析：

> 《中外铁路知识概览》、《中国铁路发展简史》（英）、《京奉铁路沿革史》和《唐山机车车辆厂厂志》等书，均称中国第一辆蒸汽机车造价仅为 520 元（或作"洋元""英元""银圆""银

币"），有的还补充说明折合 70 英镑至 80 英镑。显然，区区 520 元或七八十英镑，怎么也不能与上述已经成型的三轴机车联系起来……

"龙号"机车的照片清晰无误地表明，它与一年后从英国新购进的"0 号"机车"长相"相似，无论"长相"还是它结实耐用的"履历"，都很难证明它是"临时组装"的"山寨版"。据记载，1882 年英国苏格兰机车厂购机车的售价约为 24800 大洋，而造价仅为 520 元的"龙号"机车，很难让人相信其货真价实。

进而，闫存盛先生依据金达和肯德等人的记述，将下文所述的"大飞轮"机车从造型、零部件等特征，与"旧材料改造"的叙述和造价一一对号入座，认为"大飞轮"就是当初的第一台自制蒸汽机车。

亦真亦幻"大飞轮"

　　的确，很多人印象中的"龙号"机车，就是这台俗称"大飞轮"的简易机车。

　　北京的中国铁道博物馆正阳门展馆和唐山的中国铁路源头博物馆，展陈的中国第一台机车——"龙号"机车照片不一样。中国铁道博物馆正阳门展馆展厅中照片上的这台机车俗称"大飞轮"。

　　其实，很多关于唐胥铁路的书籍中，"大飞轮"都堂而皇之地被称为"龙号"机车，这是为什么呢？"大飞轮"又是何时出现的呢？

　　闫存盛先生论述得比较清晰："1982年出版的《中国铁路创建百年史》在卷首插页中印有一台与前述完全不同的二轴机车照片，上注'中国初期铁路机车珍贵历史镜头：中国铁路第一辆机车（1882）。它有两根车轴（一根动轴，一根托轴），外形很像利用开矿的机器改造而成。这张照片的刊出，引起了铁路同行的关注。近年来，已有人开始将这台机车认作真正的'中国第一台蒸汽机车'。

⊕ 中国铁道博物馆正阳门展馆展厅中照片上的这台机车俗称"大飞轮"。

1987年《人民画报》第四期也刊载了这张照片，并备注了它是中国第一台蒸汽机车的说明。"这段内容中所述的"二轴机车"即"大飞轮"。

由于《人民画报》的权威性和影响力，"大飞轮"为"中国最早蒸汽机车"之说闪亮登场，后来很多图书都引用了此说，甚至有的还将其与三轴"龙号"机车并列，均称为中国最早的蒸汽机车——"龙号"机车。

唐山资深路矿史研究学者杨磊则在文章《"龙号"机车之谜》中否定了"大飞轮"是"龙号"机车的观点："从1881年至1991年的百余年间，关于'龙号'机车即'中国火箭号'是中国第一台蒸汽机车的说法，几无争议……1991年之后，'龙号'机车又有了第二个谜，说这台镶着龙标的机车并不是中国最早的蒸汽机车，那个被称作'大飞轮'的机车才是中国最早的机车，那台机车才是'中国火箭号'。这种说法源于1977年出版的一本名为《摄影中国》的图片集。在这本书的161页，出现了全书唯一的一张火车头照片，研究中国铁路的吴小虹先生对这张照片做出了如下评论：这张照片所附说明是约1880年摄。请仔细看一下，在这张照片之中，机车一端那具简单的挂钩式连接器，并未配备足以提供充分动力的煤水车或水柜煤箱，因此仅能供作极其短程行驶之用途。再加上车后端（或前端）所连挂着，乃是装配着小而简单轮子的矿山用小斗车，可以断言：它非但不是开平铁路最早的'1号''0号'机车，更不可能是开平后来购进的大马力机车，甚至也不可能是任何其他能行驶在干线上的铁路机车。而最值得注意的是，车旁站着的两名外国军人所着军服式样属 20 世纪初，也就是 1900 年八国联军侵华时英国陆军的冬季制服。因此以之来研判，此照片只有可能是摄于其描述的大约 20 年之后……此后，关于谁是中国第一台蒸汽机车的说法便众说纷纭，莫衷一是。"

杨磊先生在文中说明："否认'龙号'机车是中国第一台蒸汽机车的主要原因是出现了'大飞轮'机车……"所以，他开始对"大飞轮"机车追根溯源。

杨磊对英国朋友皮特提供的文字、图片等研究材料进行了梳理分析："'大飞轮'机车上的轮子就是从被损毁的比利时柯克里尔机车上分离出来的……这台机车是 1900 年年底左右在丰台拼装起来的，蒸汽机是一台曾在颐和园使用过的设备，车轮和框架是从机车残骸上拆下来的零部件……"杨磊还特别说明："这台独特的机车在北京的铁路线上顺利地运行了三个月，之后其发动机卸下来送到了天津，用于抽水。"

通过梳理这些资料，杨磊先生认为："'大飞轮'机车的确算不上真正的机车，没有水箱、储煤仓，使用锚杆作为传动连接杆，不太可能能拉载几节 5 吨煤车（后来煤车改为 12 吨和 30 吨）。再者，'大飞轮'机车有 4 个车轮，如果按照机车型号可以看作是 0–2–0，与'龙号'机车特征完全不符。同时，'大飞轮'机车没有'Rocket

⊕ 1899 年，美国工程师帕尔森拍摄的金达与大修后的"龙号"机车合影。

⊕ 1909 年金达退休时，其下属和伙伴孙锦芳等人制作了一个绿色的"龙号"
机车模型赠送给金达。

of China（中国火箭号）'图标、龙形图案等关键元素。"

　　因此，杨磊先生认为镶有龙标的、有金达与之合影的三轴机车就是最初的"龙号"机车。只是此时的"龙号"机车经过了大修而已。

　　1909 年金达退休时，其下属和伙伴孙锦芳等人制作了一个绿色的"龙号"机车模型赠送给金达，这个可用煤炭点火的精致的机车模型，更直观地证明了第一台蒸汽机车的模样并非"大飞轮"。

　　还有一处证据，那就是"大飞轮"下面的钢轨已不是轻型钢轨。从照片中人脚与钢轨高度的比例判断，此时的钢轨已经是每米 38 公斤左右的钢轨。而从过大的枕木间隙和不规范且无石砟的道床，以及空旷的背景判断，这张照片也不是从铁路正线拍摄的。从照片右下角露出的股道看，的确是一个较大的空旷站场，不像是在唐山站或胥各庄站，倒像是在当时的丰台站。

　　虽然此车的"长相"贴近"临时组装"的说法，但从照片可以直观判断出，这台牵引动力有限，甚至没有水箱、煤仓和驾驶室的机车，无论如何也承担不了在唐胥铁路上日复一日的运煤任务。这台长相寒酸的机车只是模样与"临时组装"靠得上谱儿，但没有第一手图文资料证明其身份，更没有镶嵌龙标的地方。退一步说，如果当时真的造出了这么一台充其量只能运送一些铺轨材料的简易工具车，它担当不起"中国第一台蒸汽机车"的名分。

　　仿佛一个迷路者又走上另一条迷途。在按图自制"标配"的"龙号"机车与"大飞轮"之间，还存在一种"标配组装"的可能。

诸多权威记载已经清晰表明，甚至连图纸的提供者金达都说是"临时组装"，为什么还有人认为它是"标配"呢？原因特别简单：照片明确无误地表明，它就是"标配"。

在金达关于制造机车的记述中，"悄悄地"一词应该引起注意。"悄悄地"的潜台词是不愿意让人知道。一个确凿无疑的证据是：从建议采用标准轨距，并被唐廷枢认可后，标准轨距跑标准的火车头，定然是达成共识了。反过来说，只有跑标准的火车，才有采用标准轨距的必要。

那么，为什么但凡在唐胥铁路早期稍正式的文字记录中，均没有出现机车一词呢？原因可能很简单：不敢写，也不便写。

如前所述，朝廷上下忌讳铁路，核心是害怕火车头。这也是关于唐胥铁路的所有奏报中都无一例外地回避"铁路""火车"等字眼，而以"马路""马车路""硬路"等模糊字眼来掩人耳目的真正原因。

因为朝廷惧怕火车头这个"怪物"，所以在筹建唐胥铁路的过程中，无论是唐廷枢还是李鸿章，都没有提到用火车牵引的计划安排，自然更不敢明着列出购置机车的预算。在1877年《开平矿务局创办初期预算》中，有"购买十六磅钢轨、三十磅钢轨"预算，还有"筑造铁路一英里半，用三十磅钢轨七十五吨"等预算计划，没有列出机车采购计划。据1877年《官书局汇报采录通学汇编》记载，开平矿务局购置机器的目录中也没有蒸汽机车一项。1878年10月唐廷枢在《开平矿务开办情形并恳请核奏禀》中，提出采购机器设备计划，准备去英国定造，依然没有订购蒸汽机车计划。

虽然没有提到机车，但并不是不想用机车牵引煤车。所以，这就明白为什么1881年胥各庄铁路修车厂的工人能够迅速地根据金达的图纸，"利用矿山旧材料""制造"出一台正规且好用的机车来。我想，制造机车一事，绝不是金达一个人的突发奇想。

而明明是一台"规范、精良"的机车，却非要说是用废旧材料"攒的"，几乎等于说是在工厂的废料堆里找材料，由能工巧匠组装了一台英国原装劳斯莱斯轿车。虽然没人信，但必须这么说，只为避免惹来麻烦。

接下来的问题是，既然说是"马路"，所有预算文字和数字款项中就绝不能出现"机车""火车头"等字眼，于是乎，在所有记录文字中，大家也心照不宣地遵守了这样的约定。这可能是金达记录的"难言之隐"之所在。

至此，还有一个争论多年的疑问，似乎可以毫不费力地迎刃而解了。那就是在那么简陋的胥各庄铁路修车厂，何以利用矿山废旧材料，像变戏法一样"改装"出一台"规范、精良"的机车？由此似乎可以进一步推断，从外国购买的可能不仅仅是铸铁的旧车轮，这是因为机车车轮实在无法说是用矿山废旧材料改装，极有可能是一整套标准的机车零部件。

关于这一点，"龙号"机车与后来买进的、与之长得很像的"0号"机车的照片，已经告诉了我们答案。而所说的"金达提供的图纸",也绝不是临时大致勾画的草图,极有可能是标准的组装图纸。进而可以推断,金达先生也绝不会仅仅把图纸给了中国工匠就撒手不管,在制造"龙号"机车的过程中,他一定是自始至终的主导者和指挥者。稍有机械制造常识的人自然懂得,"摸着石头过河"般按图造车的工人们,肯定会遇到很多疑难问题,那他们去问谁呢?只能去请教提供图纸的工程师。

推想到这里,可能不少人从内心就有老大的不情愿。但冷静地想一想,在清末的中国,几个工人根据一张外国工程师提供的图纸,利用所谓的矿山废旧材料,稍稍开动脑筋就制造出一台"规范、精良"的机车,按常理,真是很难令人信服的。而几乎所有关于中国工人制造第一台机车的简要记载,都给人这样一个基本印象——这件应该特别不容易的事情,在当时条件极其简陋的情况下,中国工人师傅们却完成得似乎"非常容易"。

设想,当时不能回避的现实是,面对这台天外来客般,在开矿和修路报告预算中也根本没有,而且已经拉着长长的煤车,在唐胥铁路往返奔忙的、特别靠谱儿而坚固耐用的机车,开平矿务局的主事者必须要对上上下下给出一个合乎逻辑的说法,一个哪怕是勉强的能够大致自圆其说的说法。于是,就有了"中国工人根据金达的图纸用矿山废弃材料制造出我国第一台机车"这个近乎公认的、大家都能接受的说法了。

当然,这种推测同样缺乏有力的证据。

"龙号"机车从哪里"出阁"

遥想当年，在中国的华北平原，"龙号"机车克服了千百年来道路上的颠簸和坎坷，在钢轨——这与大地平行的水平线上奔跑的快乐心情，是我们今天难以想象的。

关于"龙号"机车究竟是出自胥各庄还是唐山，也有不同的说法。与关于唐胥铁路长度的探究一样，"龙号"机车是造于胥各庄铁路修车厂，还是唐山的开平矿务局，这可能不是一个非此即彼的答案。

煤河是 1881 年 3 月正式动工，8 月竣工，1882 年春正式启用，而"龙号"机车在当年 6 月 9 日铺轨时就开始运送材料。所以，"龙号"机车零部件不太可能经由煤河运来，这些部件一定是由陡河直接运抵唐山的。1879 年《天津关册》报告了开平矿务局的开办情形：（唐山矿）机器运来时都是从凌河（为译音，应该为陡河）上陆，离矿厂二里半。矿局打算立即在此铺设轨路。

《北华捷报》也有记载："距矿井二里有一小河，若挖深拓宽，

⊙ 唐山矿机器运来时都是从陡河上陆。图为陡河上运输的船只。

则可行水运直达海滨。"可见建矿初期,煤河挖通以前,设备物资主要是通过距离矿厂1公里多的河道运输。从相关资料中,也没有发现铁路和煤河投入使用以前,已经建成胥各庄铁路修车厂的记录。

可以肯定的是,当时建在胥各庄的铁路修车厂,人少、设备简陋。据《唐山机车车辆厂大事记》记载:(胥各庄修车厂)建厂之初,规模很小,房舍简陋,只有几十名工人,几台以手摇为动力的车床。

的确,以胥各庄修车厂当时的规模,的确很难制造这样的机车。建厂的目的主要是制造、检修在胥各庄往返的运煤车辆,而不是制造机车。假如说这个修车厂充其量是一个"车间"的话,那么,它的"厂部"定然是在开平矿务局。厂部的先进设备和技术力量,不可能不为制造机车尽力,而胥各庄修车厂的工人,可能既是"车间"的人又是"厂部"的人,因此推断,不可能是这些人封闭在胥各庄修车厂的小屋子里,制造出了"龙号"机车。

尽管一直怀有这样的愿望,但一直没有发现机车从胥各庄铁路修车厂上线运行的记录和图片。从技术设备条件等因素分析,机车的组装和最后成形,很可能是在开平矿务局的轨道上进行的。只不过可能是机车的主要组装者大部分来自胥各庄修车厂而已——因为他们是精于修车的工匠。

还有记载,唐胥铁路首次通车的1881年11月8日,这台机车只是拉着几节车厢和一些贵宾,从矿区抵达了离胥各庄两公里左右的王家河铁路桥,因为这座桥当时还没修好,火车不能经过。那么,

如果是在胥各庄铁路修车厂完成改装制造"龙号"机车，以当时的运输条件，机车是无法由胥各庄修车厂搬运到王家河铁路桥东边的钢轨上去的。再者，当时进口的采矿机械和修路材料都是通过海路转水运到唐山的，铁路铺轨也自然应该是从唐山向胥各庄进行的。按逻辑，没有必要把机车部件费周折运到胥各庄修车厂去组装——如果有这种可能，则只能解释为"不想为人所知"。

关于唐山矿修车厂的记述，1877年《官书局汇报采录通学汇编》记载了开平矿务局购置机器情况：

10寸径桶汽机一座，11寸中心径、16座自行移动车外螺丝擘口车床1具，9寸推路自行直刨床1具，双局轮直翼4尺钻床1具，空柱钻床1具等。

⊕ 唐山矿修车厂。

　　而唐山矿修车厂倒是真的具备了组装制造"龙号"机车的能力。

　　据《开滦煤矿档案史料集》记载："建六十尺长、四十尺阔机器厂一间。"机器厂内安装的设备，为上述记载中所购置的机器，同时，还建有打铁厂、生铁厂、库房等。1879年《天津关册》记述："此矿规模很大，使用的是英国制的最好机器。"特别是从一张搬至唐山的修车厂的老照片中，可以清晰地看见，车间门口上方有拆装后用木板封堵的痕迹，而这个痕迹的口径恰好是可以开出"龙号"机车的。

　　19世纪80年代，研究中国铁路史的专家皮特·柯睿思在他所著的《关内外铁路》中载入了美国一家杂志曾发表过的一篇文章，描述了蒸汽机车制造的详细情况：

⊕ 早期唐山制造厂机器厂车间。

在清政府的默许下，煤矿的工程师们用废旧的零部件在厂房里秘密地制造了一台蒸汽机车。1881年3月24日，工程师们用20磅重（每平方英寸20磅）的蒸汽对该机车进行测试，测试结果很好。

文中只说了"煤矿的工程师"和"在厂房里"，却没说出清晰的地点，但给人的感觉就是在开平矿务局进行的。此外，唐山矿采用蒸汽作为动力，建有蒸汽锅炉房，具备用高压蒸汽对机车进行测试的条件，而胥各庄修车厂则没有这样技术设备条件。皮特·柯睿思的记述，很可能来自金达等人的说法，可信度是较高的。

1884年6月，《北华捷报》通讯员参观了开平矿务局之后，撰文报道：

在一个高棚里可以看到一件新鲜东西：矿局所造的"火箭号"火车头，这是直隶总督、矿局总办和总工程司金达的合作产品，至于每人贡献多寡，则一言难尽。

这则报道，距唐胥铁路修建和"龙号"机车开行时间很近，具备较高的可信度。而对"龙号"机车而言，也是提纲挈领、概括性极准的一段话。

机车制造者及行驶时间

我曾经梦见奔跑在唐胥铁路上的"龙号"机车。在中国北方茫茫的原野上，它像一头让万物的目光为之惊骇的钢铁巨兽，越跑越快，越跑越远，似乎要带领大地飞翔起来。

我一直试图在脑海中勾勒"龙号"机车的这个令后人尊敬的劳动者群像：在那个堪称中国北方最早的工厂车间，那些在炉火映衬下流淌着汗水的脸庞，那些机器的旋转与轰鸣，那些叮叮当当的锤声，那些挥动着的劳动者的手臂……

关于"龙号"机车的制造者，《中国铁路史》有这样的记载：

金达氏乃利用一废旧锅炉，改造一小机车……（光绪）七年五月十三日（1881 年 6 月 9 日）开始第一次试车，是为我国复办铁路试用机车之始。

《中国铁路建筑编年简史（1881—1981）》中也这样写道：

试用英籍工程司金达设计的、用旧锅炉改装的小蒸汽机车牵引⋯⋯

两书均记载金达为机车的主要设计者，是比较客观的。但根据图纸组装、制造配件，最终完成制造组装的则大部分是中国工人。

张铁铮、李权兴所著《唐山文化的历史脉络》一书中，对此有这样的描述：

简单的厂房，用大锤锻造，用小锤铆钉，白天烟熏火烤，夜晚油灯昏暗，尤其是组装，困难更多。要把几吨重的锅炉和蒸汽机放到一米多高的车架上，没有起重设备，连英籍工程师也没办法，中国工匠用小吨位顶镐和垫枕木的方法，把锅炉和蒸汽机架到需要的高度，再平稳地放在适当位置。

虽然我们没有找到工人师傅们的姓名，但我们可以通过资料中线描式的勾勒，想象他们堪称伟大的劳动创造。的确，在农耕文明数千年的中国，中国工人们根据图纸制造出一台蒸汽机车，的确是中国工业史上一件破天荒的重要事件。

毋庸置疑，这个制造组装机车的创造性劳动，一定不像我们拼装组合家具那样简单，也一定有不少配件需要切削、锻造、打磨，说到底，一台机车成千上万个零件，差一个也组装不上。因此，我对这些名不见经传的前辈工人师傅充满敬意，对他们的智慧和汗水，对他们的劳动与创造，充满敬意。

　　很多人还会有这样的疑问，当时，在我们这个古老的农业国度，人们几乎都没有看到过机器，更没有接触过火车，这些中国人，怎么就能像天工开物一般，制造组装出一台火车头呢？

　　答案并不复杂，这些工人师傅并不是一般的北方农民。这些技艺傍身的工人师傅们跟着广东同乡唐廷枢来到唐山，他们作为中国最早的工人群体，其中的不少人有过海外华工的经历，有的能听懂外语，有的甚至是高级技工。可以说，他们是自产业革命以后，中国第一批有着跨国工作经验的中国工人。中国第一台机车出于他们之手，偶然中存在着必然。

　　据《开平煤矿志》记载：

　　1880 年 3 月开平矿务局有工人 500 人，其中来自广东工匠 100 多人，聘用外国技术人员 8 人至 10 人。

　　由此可见，当时的开平煤矿，的确有一支超强的制造团队。

　　可以想象，第一次在中国北方大地上奔跑的火车头，是一种怎样令人心动的景象。

　　在四杆机构的力学原理作用下，车轮与钢轨在大地上延展着循环往复的切线运动。"龙号"机车牵引着长长的车厢，像一根在大地上滑动的巨指，掀开了史册中崭新的篇章。在尖利的汽笛和吞云吐雾的呼啸中，这头钢铁巨兽试图努力为一个衰颓的王朝换气。"龙号"机车的汽笛，如一个巨大而虚无的花朵，在大清朝沉闷的天空中绽放，它如一个远远跑来的陌生的运动健将，一边刷新着人们的视线，一边奋力地奔跑。

后来，中国工人师傅在机车两侧各镌刻一条龙的图案，人们口口相传，把它称为"龙号"机车。"龙号"机车的名字不胫而走，而"中国火箭号"却慢慢鲜为人知了。

"龙号"机车于1881年6月9日运送铺轨材料时第一次行驶，11月8日的通车行驶是它的正式"首秀"，可谓广告式的"低调的热闹"。本来，鉴于朝野上下对火车的态度，不想也不敢高调，但建矿、修路都缺钱，还要给煤矿的股东们吃"定心丸"，所以才有了这一出只从矿区行驶到王家河的唐胥铁路大半段的"通车大戏"。而"龙号"机车真正的运煤行驶，则是次年初的事情了。所以，比较权威的唐胥铁路建成通车时间是1881年底。

相比1825年英国第一条铁路（也是世界第一条铁路）、1837年俄国第一条铁路、1872年日本第一条铁路的通车典礼，唐胥铁路的通车典礼显得寒酸而尴尬，这背后是一个古老国度面临转型时由内而外的尴尬。

此举自然引来不少褒贬。有记载，通车不久便遭到保守派以"行驶震动陵寝，黑烟损害庄稼"为由的弹劾。还有论者称，"龙号"机车曾一度停驶，用骡马拖拉煤车。经过反复疏通，1882年才允许正式运行，同时又购进两台0-2-0蒸汽机车用于运煤。而"龙号"机车与这两台"小伙伴"长得挺像，因此，我们不得不对利用"废旧材料"制造"龙号"机车产生疑问。因为火车机车复杂而精密的热力系统、传动系统和锅炉、烟囱等，不可能是利用"废弃材料"能够轻易改装出来的。话说回来，即使是按图组装，也需要相当过硬的技术团队，而当时的开平矿务局具备这样的团队。

"中国火箭号"何时称"龙号"

　　"中国火箭号",是时任开平矿务局总工程司白内特的夫人为纪念斯蒂芬森 100 周年诞辰,参照斯蒂芬森制造的英国著名的蒸汽机车"火箭号"的名称而命名的。其实,看似随意简单的机车名字也是文化意识的一种"介入"与"占领"。而最初的这台"中国火箭号"与世界铁路之父斯蒂芬森,确实存在着微妙的关系。

　　早在被作为世界铁路诞生日的 1825 年 9 月 27 日,斯蒂芬森就亲自驾驶了名叫"旅行者号"的蒸汽机车。1826 年 5 月 5 日,英国议会通过了修建利物浦至曼彻斯特铁路的方案,斯蒂芬森受聘为总工程师。

　　这时候的英国,能够造火车头的团队不只有斯蒂芬森团队。为了给这条铁路线选择一种动力性能良好的机车,1829 年 10 月 8 日,在英国恩雷希尔至莱希里城之间的铁路线上,举行了一次火车比赛,最终有 5 台机车参加了比赛,名字分别是"新奇号""无双号""火箭号""环球号""坚忍号",而一举夺魁的正是斯蒂芬森根据"旅行者号"改进的"火箭号"。

1830 年 9 月 15 日,利物浦至曼彻斯特铁路举行了盛大的通车仪式,英国首相威灵顿公爵亲临。斯蒂芬森亲自驾驶着"火箭号",牵引着 30 节车厢载着 700 多名达官显贵,安全快速地驶达终点,受到数万人的欢呼。可以说,"火箭号"承载着这位"铁路之父"的风光与荣耀。所以,作为斯蒂芬森追随者的白内特夫人,把中国第一台机车命名为"中国火箭号",就可以理解为顺理成章的事了。

而"龙号"机车的名称后来又是怎么叫起来的呢?目前可考的早期文献,是 1930 年 4 月 24 日李治(英国人,时任京奉路和北宁铁路工务处长兼总工程师)在唐山工学院所作的报告,其报告时称:唐胥铁路是 1881 年 6 月 9 日开始铺轨,并使用已制成的"龙号"机车。

这是目前发现的最早称"龙号"机车的文献资料。而"龙号"机车这一名称,并没有在唐胥铁路的早期资料中找到出处。

龙是皇权的象征,官民均不得僭越。中国工人在造车之初,于机车两侧镶嵌龙饰,并称其为"龙号"机车,如果没有朝廷批准或正当理由,这种犯上的行为是要治罪的。

机车镶嵌的龙标,图案可能来源于清朝龙旗。开平煤矿早期照片可以证实,唐山矿曾悬挂的三角旗帜,应该是三角龙旗。开平矿务局作为官督商办企业,而且为北洋水师、天津机器局等官方供应煤炭,悬挂龙旗符合清朝规制。

　　"龙号"机车身上的"龙"标,也有可能来源于慈禧太后的"銮舆御车"。1889 年,唐山为慈禧太后制造了豪华客车,在车厢两侧镶嵌了龙图饰,人们叫它"銮舆龙车"。这时期虽然从国外进口了十几辆机车,但为避免引起保守派攻讦,准备用开平矿务局制造的"中国火箭号"机车,作为慈禧太后銮舆车的牵引车,所以,比照车厢,在"中国火箭号"机车两侧也镶嵌了龙图饰。从此以后,"中国火箭号"就被人们称作"龙车"或"龙号"机车了。

　　在机车的两侧镶嵌龙图饰,说到底,是一种对外来事物的征服欲,也是一种精神上的"纳入"。

　　随着唐津铁路通车,铁路公司从国外进口的蒸汽机车越来越多,为便于调度机车作业,给这些机车编了号码。机车编号是什么时候开始的,没有资料记载,"龙号"机车在中国蒸汽机车家族中诞生最早,排行老大,被编为"No.1"。在机车"No.1"编号的位置上,原来有个铭牌,标注有"中国工程矿业公司,开平——1881"字样。有了编号以后,铭牌便被编号取代了。"龙号"机车 1900 年停止使用,到 1916 年退役,退役后收藏于北京府右街交通陈列馆。

　　1937 年卢沟桥事变爆发,日军侵占北京,交通陈列馆迁移至和平门内的一条胡同里,"龙号"机车从此不见踪迹,消失在滚滚的历史烟云中,成为铁路史上一个待解之谜。

　　费尽周折,仍然没有找到工人们造火车头时的照片。但有一张 1883 年在开平矿务局 3 台机车同时运行的照片,照片左边是 1882

年刚刚从国外购回的两台 0-2-0 蒸汽机车，放大的照片中可以清晰地看见簇新的机车，而右下角那一台正是清晰可见的"龙"已上身的"龙号"机车。因此，基本可以断定，机车镶上龙标是在 1881 年至 1883 年之间发生的事。进而，通过一张尚未出现龙标的簇新的"中国火箭号"照片，从机车下面的枕木和土质道床上的枯草推断，这已经不是刚刚铺设的轨道。由此可以判断，"中国火箭号"在使用中被保养得很好，而镶上龙标与铺设轨道不在一个时间段，大约应该是 1882 年至 1883 年之间的事。

当时，按照金达和白内特夫人等外国专家的习惯，应该会留下制造"龙号"机车时的照片，可惜没有找到。原因可能因为是秘密制造，不便留影吧。

所以，今天我们只能调动想象力，在脑海中还原当时火热的劳动场景：在灯火通明、叮叮当当的车间里，这些造火车的工人们挥洒着汗水，他们应该是我国近代工业当之无愧的首批"大国工匠"。

很少有人知道的是，"龙号"机车还是中国第一台"绿皮车"。在唐山开滦中国铁路源头博物馆，有一台仿制的"龙号"机车，车身就是墨绿色的。

颜色，在清代有严格的等级，黄色是皇家使用，等级最高。所以，可以猜想，"龙号"机车涂黄色油漆几乎是不可能的。而当时的汉族军队使用的是绿色旗帜，所以"龙号"机车涂绿色油漆是有可能的。

从早期"中国火箭号"机车的黑白照片来看，车身颜色也不是

⊕ 在唐山 1 号矿井附近的调车场照片中，位于左侧和中间的是 2 号和 3 号机车，位于照片右边的是"龙号"机车。

黑色。

　　作为中国第一台蒸汽机车，虽然制造过程坎坷，但制造者们还是愿意赋予它一个高贵的身份，用绿色为它着装。对于黑白照片上"龙号"机车显示为浅色，皮特·柯睿思给出了这样的说法：绿颜色在黑白照片中显示的是浅颜色，至于后来的机车涂为黑色，这应该与煤矿作业环境有关，绿色车身落上黑色煤尘很不好看，改为黑色车身也是从作业环境考虑的。

　　总之，这台机车没花国家一丁点儿银两，但足以堪称晚清涉及国计民生的头号"国之重器"。

第四章　历史深处的身影

透过围绕唐胥铁路纷繁复杂的事件与环节，我的脑海中浮现出一个个鲜活的人物。的确，人是决定性因素，关键人成就关键事。假如没有那些关键人物的锲而不舍，中国真正意义上的铁路诞生时间定然还要后延。铁路为什么能够在李鸿章、唐廷枢等人的手上搞成？我们也不难从人物履历与性格中找到答案。

不容易的"李中堂"

唐胥铁路之所以能够建成，李鸿章是决定性人物，更是名副其实的"后台老板"。但是，在晚清的政治氛围和社会环境中，即使李鸿章这样重量级的关键人物坚定不移地多次力推，在中国修建一条自己的铁路也不是一件容易的事情。用命途多舛来形容唐胥铁路是比较贴切的。

李鸿章，晚清重臣，洋务运动的主要领导人之一，世人多称"李中堂"。李鸿章作为推动洋务运动的核心人物，在唐胥铁路的修筑过程中发挥了主导性的作用。

但李鸿章对铁路的认识也经历了一个漫长的过程。

早在 1863 年 7 月 20 日，英、美、法三个国家的 27 家银行联名请求修筑上海至苏州的铁路，时任江苏巡抚的李鸿章不敢专断，禀请总理衙门裁决。他的态度与总理衙门达成一致，并给出答复："如果此事确属有利，则应由中国自办，毋庸代劳。"意思很明确，

⊕ 李鸿章作为推动洋务运动的核心人物，在唐胥铁路的修筑过程中发挥了主导性的作用。

如果这件事是好事，我们中国人自己干，不用外国人代劳。

　　1867 年，中外修约日期临近，恭亲王奕䜣担心外国人借机修铁路，就以总理衙门的名义，要求封疆大吏筹议对策。时任湖广总督的李鸿章上奏：

　　议铜线（电线）、铁路一条，此两事有大利于彼，有大害于我，而铁路比铜线尤甚……

　　虽然他能够看到外国船坚炮利和铁路运输的优势，但对铁路的认识，还基本持排斥与拒绝态度。

　　李鸿章尚且如此，朝廷中保守派对于洋务的反对态度也就更不难理解了。当年，凿断地脉、妨碍风水等说法，虽然也是反对修筑铁路的一个因素，但这种没有现实依据的提法，其实并没产生太大的实质性影响，也不能构成主要因素。从更大的共识层面客观地看，朝野上下反对铁路的原因，恐怕是基于担心领土主权、国家安全、国计民生受损等核心问题。

　　从积极的角度看，最先认识到铁路价值的，还有那些有机会出国接触铁路的人，这些人主要是出使外国的官员和在国外居住、工作的华人，像驻英公使斌椿、留学生之父容闳、改良主义政论家王韬、启蒙思想家郑观应等，他们对铁路有很深的认识，也都有相应的文字论述。然而，尽管他们看得透彻，说得在理，但终因位卑言轻，他们的言论很难传到清廷主要当权者的耳朵里，自然也不可能对国家的大政方针产生多大影响。

但有政治地位和话语权，并且逐渐转变对修铁路态度的清廷要员就不一样了。随着与洋务接触的增多，李鸿章等实权派人物对铁路之于国家政治、社会、军事等方面的重要作用的认识越来越深入，对修铁路的愿望也越来越强烈，开始纷纷为修建铁路发声。

李鸿章的思想发生根本转变，可能缘于日本兴办铁路和普鲁士利用铁路突击法国这两件事。日本听从了当时驻日特命全权公使与领事巴夏礼的建议，通过向英国借款兴建铁路，成为日本富强的关键因素之一。日本的成功，也让李鸿章感到修筑铁路并不像想象的那么困难，日本能做，大清自然也能做。此外，普法战争是铁路史上一件发人深思的大事，德国将领毛奇利用铁路突袭法国成功。铁路在军事上的巨大作用，使李鸿章对铁路有了新的认知。俄国修筑西伯利亚铁路，也是受这种观念的影响。除了经济和运输，还有军事上的目的。

李鸿章深知西洋火器的威力，早在 1865 年，他出于"欲学习外国利器，则莫如觅制器之器"的考虑，创办江南制造总局，自此李鸿章操办洋务一发而不可收。后来随着对国防和实业的关注，李鸿章对铁路也有了新的认识。在 1874 年的《筹议海防折》中，他说：

> 倘如西国办法，有电线通报，经达于各处海边，可以一刻千里，有内地火车铁路，屯兵于旁，闻警驰援，可以一日数百里，则统帅尚不至于误事。

由此可见，随着时间的推移，李鸿章已经成为修筑铁路的有力倡导者与鼎力支持者。但他仍然比较谨慎地提出，应该先从卓有成效的矿山试办为妙。

其实，李鸿章对铁路的情结由来已久。早在 1874 年，直隶总督李鸿章、福建船政大臣沈葆桢就奏请开办煤铁矿。也在这一年，李鸿章在给朝廷的《筹议海防折》中，振聋发聩地提出大清国面临"数千年来未有之变局"和"数千年未有之大强敌"。可以从中看出李鸿章对时局的紧迫感和对国运的恐惧感。

1875 年 5 月 30 日，支持洋务的光绪皇帝批准了他们的请求，颁布上谕"先在磁州、台湾试办"。磁州办矿失败后，唐廷枢奉李鸿章之命，到开平勘查开办煤铁矿事宜。1876 年 11 月 14 日，唐廷枢在给李鸿章的汇报《查看开平煤铁矿情形禀》中，提出修筑开平至涧河口铁路以便运煤这一设想。

1877 年 9 月，唐廷枢在呈报李鸿章的条陈中提出："若能仿照台湾，筑做用马拉车小铁路一条，以便煤铁运输。"这是唐廷枢到基隆煤矿考察，看到基隆煤矿修筑了一条马拉车小铁路运煤，所以提出仿照基隆煤矿，在开平煤矿也修筑一条马拉车铁路的建议。李鸿章在批示中要求"钻探明确，再筹办机器开井"，意思是先勘探储量再说后面的事，对唐廷枢提出修一条马车铁路的建议没有表态。

1878 年 7 月，唐廷枢再次来到开平，正式筹建办矿事宜，成立开平矿务局。在此期间，唐廷枢亲自督运机器开钻，并对开平附近道路的水运河道进行了踏勘。由于矿井往南地势低洼，夏秋时常被淹，而且经过之处旗人土地很多，购地困难，加上费用吃紧等因素，后来唐廷枢在禀报李鸿章的《筹议运煤河道》中改变了原来的想法："筹思再三，唯有舍路而取河运。"所以，提出修筑唐山至芦台铁路的是唐廷枢，改为开挖运煤河的也是唐廷枢。李鸿章支持了唐廷枢根据实际情况而改变的设想。

1880 年 10 月 10 日，唐廷枢再次来到开平踏勘调查运煤道路后禀报李鸿章："其由胥各庄东北至煤厂渐渐而高，必须筑路，车运至河头下船。"同时呈报《挑河章程六条》，第一条即为："议开河一道，取名煤河，从芦台向东北直抵丰润属之胥各庄。再由该庄之东北筑快车路一条，直抵煤厂。"唐廷枢经过再次勘查，向李鸿章详细汇报了开挖运煤河和修筑铁路原因，以及如何修铁路的想法。1880 年 10 月 11 日，李鸿章再次批准了唐廷枢呈报的方案。

1880 年李鸿章上奏的《妥筹铁路事宜折》中指出铁路的"大利约有九端"，即"国计、军事、京师、民生、转运、邮政、矿务、轮船招商、行旅"，并最早提出了全国铁路的干线规划。但这份上奏主要建议的是修铁路的大方向，却只字未提唐胥铁路。

1881 年 3 月 29 日，唐廷枢向李鸿章禀报《开平煤矿进展情形并恳请援照台湾、湖北之例酌减出口煤税》，对于解决煤炭运输问题，再次说明"筹思至再，势必广求水利。故六年九月内禀明宪台批准，于芦台镇东起至胥各庄东止，挑河一道，约七十里，为运煤之路。又由河头筑运煤硬路十五里，直抵矿所……"这是唐廷枢第五次向李鸿章禀报，再次阐明开挖从芦台到胥各庄运煤河和修筑唐山矿到胥各庄铁路的理由。5 月 22 日，李鸿章批示："疏通运道，渐有成效一折，除俟奉到谕旨，另录咨行外，合行抄折札饬，札到该道，即便查照。此札。"除另有谕旨外，李鸿章批准了唐廷枢所请。其意思很明确：先干起来，来了"谕旨"再遵照执行，留好档案就行。

由此不难看出李鸿章的老谋深算，在唐山开矿和运煤的工作，开始于 1876 年委派唐廷枢勘察，两年多一直没有停步。有了十足的把握之后，到了 1881 年 5 月 20 日，铁路开修，火车头也在悄悄制造的时候，李鸿章才给朝廷上了折子，名为《直境开办矿务折》。

在这道折子中，李大人再次发挥了过硬的公文水平，把开矿运煤的事情说得简明扼要、清清楚楚：

故六年九月议定兴修水利，由芦台镇东起至胥各庄止，挑河一道，约计七十里，为运煤之路。又由河头接筑马路十五里，直抵矿所，共需银十数万两，统归矿局筹捐。

在奏折最后，李鸿章写道：

所有直境招商购器、开办矿务、疏通运道缘由，理合恭折具陈，伏乞皇太后、皇上圣鉴。

　　不难看出，生米做成熟饭的时候，李鸿章才第一次正式向皇太后和皇帝上奏开办开平煤矿事由。1881 年 5 月 23 日得到的回复是："该衙门知道。钦此。"光绪皇帝批准了李鸿章所请。批复非常简洁，没有褒贬抑扬之语，却有"此处无声胜有声"的微妙。因为保守派们瞪大眼睛盯着呢！

　　其实在更早的时候，李鸿章就授意手下在天高皇帝远的台湾进行铁路"试水"了。1877 年 6 月，皇帝批准丁日昌在台湾修铁路的奏折，"请拨台湾办理轮路经费，改办马车路"，有意思的是：当权者最怕的并不是钢轨，而是火车。所以才有了唐胥之间"改办马车路"的"前车之鉴"。

　　虽然台湾铁路最终因丁日昌病逝而遗憾地没有修成，"马车路"的说法却让李鸿章明白些许深意。所以，在他正式的奏折中谨慎地出现了皇帝曾经批准过的"马路"一词。李鸿章深知，在中国修铁路的事情等不得，更急不得，先以"马路"为名把钢轨铺上，也算是迈出了修铁路的关键一步。

　　1871 年出生的光绪皇帝此时还是个孩子，这个意见定然是来自于慈禧太后。而慈禧太后对铁路的态度也一直在随着洋务派和保守派的争论而摇摆、反复。1881 年 2 月 14 日，应外国公使建议而进行了高层讨论征求意见之后，慈禧太后以拍板定论的口气在一份上谕中指出：

刘铭传请建铁路需费数千万，无此巨款。若借用洋债，流弊滋多。而刘坤一则以有妨生计，影响税厘，廷臣愈以铁路断不宜开闸，所请毋庸议。

刘铭传关于修筑铁路的奏折也是李鸿章投石问路的一枚棋子。慈禧太后心知肚明，表面上是敲打刘铭传，实际上则是在告诫李鸿章。但慈禧太后并不是一根筋和不开窍的人，后来她也渐渐看到了铁路的实际效用，对修铁路开了口子，甚至还重奖了修筑北京到西陵铁路的袁世凯和詹天佑等人。当然，这是后话了。

1886年慈禧太后即将结束垂帘听政，开始盘算自己下台后的生活。她提出扩建西苑三海，为自己营造御苑别馆。时任军机大臣李鸿章为获得慈禧太后对修建铁路的支持，奏请朝廷在皇宫内修筑一条小铁路，让慈禧太后体验铁路的便利。小铁路开始动工兴建，用了两年的时间，于1889年春建成。铁路全长约1500米，南起中海的瀛秀园，经紫光阁，出中海的福华门，进北海的阳泽门，沿北海西岸经极乐世界，折而向东经阐福寺，终点为静心斋，名为"西苑铁路"。李鸿章还专门从德国为慈禧和光绪皇帝定制了小火车，包括1辆"丹特式"蒸汽机车、1节豪华车厢、2节上等车厢、2节中等车厢、1节行李车厢和7里铁轨。原定价6000两，德国工厂希望将来得到生意上的关照，定价6000两白银，然而最后实际造价达到4万多两白银。"专列"运入皇宫后，因先前对火车头的禁忌，以及害怕汽笛声破坏皇城气脉，也可能是兼顾保守派的情绪，慈禧太后没让用机车牵引，而是由四名太监拉绳拽车前进。但因为平稳舒适，慈禧太后对小铁路特别青睐，经常领着光绪皇帝、嫔妃和王公大臣乘坐火车，这样无形中也给铁路做了免费的大广告。

1888 年，唐胥铁路终于西延到天津老龙头，途经北塘、大沽等海防重要地段，这段铁路称为津唐铁路或津沽铁路。

1858 年，中俄不平等条约《瑷珲条约》签订后，俄国人制订了西伯利亚铁路计划，企图侵占中国东北；日本人也蠢蠢欲动，开始侵略朝鲜。在这种咄咄逼人的形势下，日、俄列强对中国东北形成巨大威胁。李鸿章敏锐地发现了这个大问题，他上奏朝廷，建议以修建关东铁路，稳固版图为当务之急。1890 年 3 月 31 日，光绪皇帝下旨建设东三省铁路。

1890 年 4 月 16 日，李鸿章秘派吴炽昌、金达率员勘察东三省铁路线路。他告诉金达，已经筹划好要修一条从西到东贯穿东北地区的铁路，初步计划的线路是由山海关经锦州至新民屯，折向南越过辽河至奉天（今沈阳），再转向东北经宁古塔新城（今黑龙江省宁安市）至中俄边境图们江口附近的珲春；另由奉天南至牛庄修一条支线。吴炽昌和金达在勘察后，主张由津唐铁路终点林西向北接造至山海关，再出关修至锦州、吉林……同时双管齐下，另一路由沈阳建设支线至营口。

唐胥铁路建成 10 年之后的 1891 年，随着铁路的延展和运输效率被广泛认可，李鸿章将铁路作为官办事业经营，组织成立北洋官铁路总局，亲任督办，这也是中国官办铁路上第一位督办。北洋官铁路总局在天津法租界白河岸边设置总部，其中设置本部、运输课、会计课、庶务课、法科。其他还设置了唐山工厂，包括技术本部、车辆部、山海关桥梁修理工厂等。

李鸿章还争取到了国家的优惠政策，户部每年拨款 120 万两，官款官办。李鸿章再也不用为筹措银两发愁了，也不用再一小段一小段地修路了，胃口明显增大。铁路从古冶林西镇向东一下就延伸到了山海关，然后再从山海关向关外延展，这也是中国第一条官办铁路。

而甲午战争的爆发，打断了东北铁路的修筑进程。

唐胥铁路的修建开创了多项中国第一，其意义之重大不言而喻。的确，在百余年后的今天，回望历史烟云中的唐胥铁路，它的确成为当之无愧的中国庞大铁路网的起点。

呕心沥血唐廷枢

在北京中华世纪坛的青铜甬道上，镌刻着这样三件大事：1873年"第一家近代航运企业轮船招商局在上海设立"；1881年"开平至胥各庄运煤铁路建成，'中国火箭号'车头首次行驶，开平煤矿建成投产"；1888年"天津至唐山铁路筑成通车"。这三大历史贡献都离不开一个人——唐廷枢。

"古之立大事者，不唯有超世之才，亦必有坚韧不拔之志"，这句话，在唐廷枢身上体现得尤为充分。

唐廷枢（1832—1892），初名唐杰，字建时，号景星，买办出身的民族实业家，为创办近代民族实业，推动民族经济发展，作出了重要贡献，是中国近代工业开创者和奠基人之一，清代洋务运动的代表人物之一。

中国近代工业是从洋务运动开始的。唐廷枢立志通过"仿西技、用西人"，创办实业"自强""求富"。在他的经营管理之下，轮

⊕ 唐廷枢

船招商局和开平矿务局创造了多个中国第一，在中国近代工业史上具有里程碑意义。

唐廷枢是开平煤矿和唐胥铁路第一重要人物。

唐廷枢对唐胥铁路重要到什么程度？可以说，没有唐廷枢，就没有唐胥铁路。

如果用一句话概括唐廷枢的一生，那就是——特别不容易。在晚清，他一直努力为国家做事，像一台高效的机器，一直辛劳忙碌地超负荷运转，直到鞠躬尽瘁，累死在岗位上。从为国家、为民族干事创业的角度看，唐廷枢和一个人很相近，那就是后来的詹天佑。

那时候，中国处在"千年未有之大变局"的漩涡中，当时的洋务派一心想发展工业，富国强兵，进而试图挽狂澜于既倒。以他们的才干与眼光，定然清醒地意识到当时的形势和可能的结局，但他们却一直在争分夺秒，夙兴夜寐，没有放弃一丝一毫的努力。

后来，李鸿章作为一个颇具争议的重要历史人物而让世人尽知，而唐廷枢则作为我国近代工业的先驱而名载史册。李鸿章创办经营轮船招商局、创办开平矿务局和修建唐胥铁路，这三件事都是在其得力干将唐廷枢的手上干成的。

唐廷枢病逝后，李鸿章亲往灵堂吊唁，并"题主"，可见对其信任与器重。

唐廷枢是广东香山县人，与孙中山是同乡。因其父亲曾在香港美籍医生布朗家中做听差，1842 年，唐廷枢有机会进入香港马礼逊教会学堂学习，与后来成为中国近代著名教育家、外交家和社会活动家的容闳成为同学。此后，唐廷枢转入另一所英国教会学堂学习。他不但写得一手漂亮的英文，说得一口流利的英语，还精通天文、地理、格致、算数，这些为他日后的事业发展奠定了良好基础。

唐廷枢完成学业后，先是在香港一家拍卖行当职员。1851 年，他开始在港英政府中担任翻译，与后来曾任中国海关总税务司的英国人李泰国成为同事。两年后，唐廷枢升任香港巡理厅正翻译，1856 年代理香港大审院华人正翻译。按今天的说法，唐廷枢可以称得上当时少有的"学霸"级人物，但一心想干实业的他并不想当学究。随即他涉足商海，先后在香港开设了两家当铺，赚到了他人生的第一桶金。而李泰国自 1855 年起已在上海任江海关税务习。1858 年，唐廷枢由香港来到上海，通过李泰国的关系进入江海关，担任副大写，次年升任正大写并兼任总翻译。

　　自从 19 世纪 40 年代东南沿海通商口岸开放以后，随着西方资本主义势力蜂拥而来，各国商人纷纷在广州设立洋行，经营各种中外贸易。而这些洋行的业务开展，迫切需要既懂外语又懂商务的中国人帮助打理，这无疑给既有学识又有从商经验的唐廷枢带来了事业上的机遇。应时而变的唐廷枢辞掉官差，投身英商怡和洋行，进入商务买办队伍，为怡和洋行收购生丝、茶叶并推销洋货，同时还贩卖食盐、大米，甚至接收当铺、经营庄票贴现、投资保险业，等等。可以说，在怡和洋行的这段工作经历，让唐廷枢懂得了很多与英国人打交道的门道与规矩，这也为他日后主政开平矿务局和修建唐胥铁路时大批雇佣英国高级员司，迅速打开工作局面奠定了基础。

　　不少人可能有这样的印象，唐廷枢的主业是创办开平煤矿，对修铁路搞运输并不内行。其实不然，唐廷枢很早就投资轮船航运业，是清末中国精通商业运输的专家型人才，著名的轮船招商局就是在他的手上发展起来的。想当年，轮船招商局成立不久即陷入资金周转困境，盛宣怀便向李鸿章举荐了唐廷枢。1873 年 5 月，唐廷枢辞去怡和洋行买办职务，进入轮船招商局，6 月即任总办，可见李鸿章对其的倚重与信任。自此，唐廷枢作为李鸿章的左膀右臂，走上了事业的舞台，他勤奋工作，克己奉公，直到生命的最后一息。

　　唐廷枢入主轮船招商局后，迅速打开局面，主张商本商办，改轮船招商公局为轮船招商局，重新修订《轮船招商章程》，一面确立股东的经营管理权，一面确认了朝廷主管官员的监督、干预权，深得上下内外认可。随后他通过招募商股，大刀阔斧开展业务，凭借自己的影响力，很快招股 47.6 万两，拥有轮船 6 艘。唐廷枢主持轮船招商局以后，在清政府的支持下，尽量扩大规模，增加船只，多辟航线，以增强与洋商抗衡的能力。1877 年初，唐廷枢抓住机遇，以小博大，招商局以 220 万两银并购了当时实力最雄厚的美商旗昌轮船公司，堪称他职业生涯中的精彩一笔。收购旗昌轮船公司以后，招商局成为中国最大的轮船公司。1878 年，怡和、太古两家洋行被迫与招商局订立"齐价合同"，结束恶性竞争。沈葆桢称之为"是真转弱为强之始"，李鸿章后来称赞其"实为开办洋务四十年来最得手文字"。

当时轮船招商之议的初衷，只是想让商人集资租、买福州船政局与江南制造总局所造商船，使之能够收回部分造船成本，以减轻清政府的财政压力。没想到轮船招商局在唐廷枢等人手上干大了，成为清末最早的知名企业之一。

从漕运史可知，在现代工业特别是现代交通业发展起来之前，古老中国的运输体系一直是水运为主，而随着大运河水位持续下降，清淤冗繁，很难保证南北运输大动脉的运输通畅，而清末铁路和公路运输尚未萌芽，这无疑为唐廷枢在轮船招商局的事业发展提供了机遇。轮船招商局地位得到巩固后，唐廷枢开始向金融保险业发展，创办了保险招商局，继而创办了仁和保险公司、济和保险公司。仁和、济和两家保险公司的成功运营，不仅避免了保费外流，而且增加了企业的抗风险能力和信誉度，逐渐赢得了商人的信任，掌握了市场主动权。

唐廷枢主政的轮船招商局干得好，争了气，李鸿章于 1875 年 4 月专折奏称：轮船招商局之设，"无事可运官粮、客货，有事时装载援兵、军火，藉纾商民之困，而作自强之气"。所置轮船"分往南北洋各海口及外洋日本、吕宋、新嘉（加）坡等处贸易，叠次装运江、浙漕粮，上年秋间承载铭军（刘铭传的军队）赴台湾，转运粮饷，源源接济，均能妥速无误。从此中国轮船可期畅行，实为海防、洋务一大关键，所裨于国计民生，殊非浅鲜"。

李鸿章请求朝廷对唐廷枢等人给予奖赏。唐廷枢旋即被提升为候补道员。到 1885 年，唐廷枢正式离开轮船招商局时，轮船招商局的资产规模已经达到 525 万两。轮船招商局创办经营的成功，竖起了民族商业的一面旗帜。

唐廷枢与詹天佑一样，都是在有限的生命中呕心沥血干成了很多大事，也都是在分身乏术和殚精竭虑中积劳成疾，过早地走完了一生。

在经营轮船招商局初见成效后，唐廷枢赢得了洋务派官员的青睐，社会活动范围和影响力亦随之扩大。

1874 年 6 月，留学美国归来的容闳集股一万两，在上海创办《汇报》，以期改良社会习惯，开启民智，唐廷枢"实助成之"。接着，唐廷枢还从"文化洋务"的角度出发，参与创办了旨在"俾华人得以博览、翻译西书西报、议论新事"的格致书院，出资赞助教授英语的上海英华书馆。甚至，福建巡抚丁日昌还饬令他"前往香港英国学堂挑选学业可造之学生 40 名"，进入福州船政局附设的船政学堂"学习天文、算数、驾驶诸法"。

当唐廷枢领着遴选的优秀学生于 1875 年 2 月刚从香港回到福州，丁日昌马上又令他与丹麦大北电报公司交涉福州至厦门电线事宜，经过往复辩论十数次，终于按照清政府的意图将该路电线收回自办。唐廷枢像陀螺一样旋转的辛劳程度，由此可见一斑。

让唐廷枢帮着解决了棘手难题的福州将军文煜，盛赞其"才识练达，气宇宏深，于各国情形以及洋文洋语罔不周知""帮办电线等事，措施悉合机宜，深资其力"。在朝廷大员们的鼓励与信任中，踌躇满志的唐廷枢甚至还向丁日昌提出设立宏远贸易公司的蓝图计划：其营业中心设在伦敦，总号设在上海，在香港和福州设分号，并打算日后在美国纽约设分号。"除去经营一般商业及代理生意之外，这家公司还充当中国政府在海外的贸易代理人，因而国家需要的武器、舰只和机器，都可以由他们代买。"进而唐廷枢还考虑到为确保公司国际贸易开展而设立跨国银行……这时的唐廷枢成了"香饽饽"，成为朝廷大员们争夺的稀缺人才，丁日昌与文煜都奏请将唐廷枢正式调入福建襄办洋务，准备待他赴上海交卸轮船招商局事务返回福建后，即任用为实缺道员兼洋务局委员。

爱才如命的李鸿章岂能拱手将唐廷枢这样的洋务人才让与他

人？其实他的心里早有打算。恰在唐廷枢回上海时，正值李鸿章受命前往烟台与英国驻华公使威妥玛交涉马嘉理案，他随即让唐廷枢随行在中英谈判中担任他的翻译和助手。

马嘉理案又称"云南事件"。1875年2月，英国驻华使馆翻译马嘉理擅自带领一支英军由缅甸闯入云南，开枪打死中国百姓。当地人民奋起抵抗，打死马嘉理，把侵略者赶出云南。而后，英国借此事件相要挟，强迫清政府签订了《烟台条约》。《烟台条约》签订后，唐廷枢旋即被派往直隶开平勘察煤铁矿。

从1876年秋天开始，唐廷枢的命运就与开平煤矿紧紧连在了一起，直到1892年倒在岗位上。而他留下来的开平矿务局，也就是后来的开滦煤矿。而当时作为运煤通道的唐胥铁路，更是成为我国庞大铁路网的辉煌起点。

开平矿务局是唐廷枢主持创办的一个重要的洋务企业，在国计民生和国防建设中发挥着无可替代的重要作用。

开创筚路蓝缕之业，必有呕心沥血之人。

早在1872年6月，李鸿章向朝廷建言："船炮、机器之用，非铁不成，非煤不济……闽、沪各厂，日需外洋煤铁极夥，中土所产，多不合用"，若能招商集股购买机器自行开采本国的煤铁，将使"洋煤不阻自绝，船厂亦应用不穷"。后来李鸿章曾派人筹办直隶磁州煤铁矿和湖北兴国煤铁矿，都未见成效。

1876年秋，李鸿章令唐廷枢负责勘察开平煤铁矿。同年11月，唐廷枢亲自陪同英籍矿师前往滦县开平一带进行实地勘察后，向李鸿章禀称：仿照西法在开平采煤，并筑铁路将煤运至海口，再由轮船运往上海，每吨"只需成本银四两，不独可拒洋煤，尚属有利五钱"。再则，以往招商局轮船运送漕粮北上，往往空载南还，以后若以开平煤作为回头货，还可以增加招商局的运费收入。预计购置开采煤铁机械等项需银 40 万两，筑铁路需银 40 万两，可以分年筹措。

同时，唐廷枢令人将采集的煤块和铁矿石标本，分寄京师同文馆与英国著名化学家进行化验，以确定其成色。是月底，李鸿章在写给福州船政大臣吴赞诚的信中低调地说："唐景星欲挖开平煤铁，但该处矿石分数多少尚未考校，煤质仅与台湾相埒，未知有无成局。"

后来经化验，开平煤铁品质优良，且"其铁即无磷酸，其煤又无硫黄，甚有开采价值"。唐廷枢于次年 9 月再次向李鸿章禀称："天下各矿盛衰，先问煤铁石质之高低，次审出之多寡，三审工料是否便利，四计转运是否艰辛。"

开平煤铁在前三个方面都不成问题，但必修筑"用马拖车小铁路一条"，解决运输问题，"方可大见利益"。李鸿章批示："自宜赶紧设法筹办，以开利源而应军国要需。"还称赞唐廷枢"熟精洋务，于开采机宜、商情、市价详稽博考，胸有成竹，当能妥慎经营，力襄厥成"。李鸿章又增派前任天津道丁寿昌、天津海关道梨兆棠会同督办，以便于与地方交涉，并要他们议订官督商办的章程。

在国力衰微、内忧外患的晚清，在屡经战乱赔款、朝廷国库空虚的当时，干事情主要面临的问题有两个：一是政策，二是银子。有了一线政策的亮光之后，接下来就要筹措资金，把经济账算细。

唐廷枢等当即拟定了《直隶开平矿务局章程》12 条，主要规定：先招股 80 万两，分作 8000 股，每股津平银 100 两，以后若需增开煤井时，再招新股 20 万两；"此局虽系官督商办，究竟煤铁仍由商人销售，似宜仍照买卖常规，俾易遵守"；"请免添派委员，并除去文案、书差名目，以节靡费"；"所有各厂司事，必须于商股之中选充""股份一万两者，准派一人到局司事"；每年结账一次，刊刻分送有股之人，每年所得利息，先提官利一分，后提办事者花红二成，其余八成仍按股均分。

李鸿章认为该章程"大致均尚妥协"，并强调：

　　此事应以订矿师为第一义，果能矿师得人，则订购机器、开厂兴办诸事，皆可从容就理，其煤铁厂规条，须俟矿师到后，察看情形，审时度势，并须详考西国各厂章程办法，悉心查核，参酌定议，会详核夺，以期经久无弊。

唐廷枢立即着手招募商股、订购机器、聘请外籍工程师。1878年 7 月，唐廷枢携同洋矿师赶往开平，正式挂牌成立"开平矿务总局"，旋即选定煤质"与英国上等之煤相埒"的唐山南麓乔家屯附近，于 10 月初开机钻探。翌年开始挖掘煤井、安装机器、营建房舍。李鸿章闻报后十分高兴，曾致函四川总督丁宝桢：

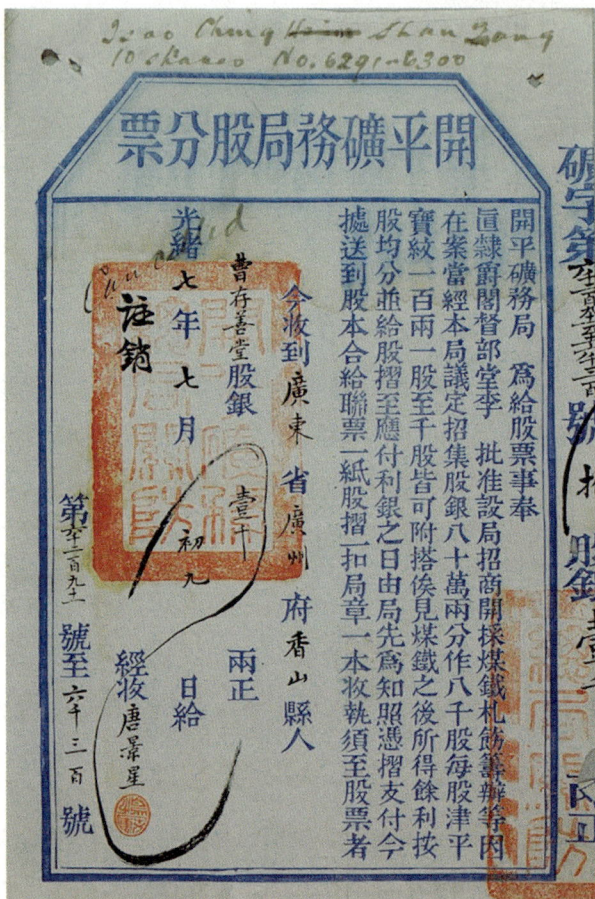

開平礦務局股分票

開平礦務局　爲給股票事奉
宣隸爵閣督部堂李
批准設局招商開採煤鐵杠筋籌辦因
在紥當經本局議定招集股銀八十萬兩分作八千股每股津平
寶紋一百兩一股至千股皆可附搭俟見煤鐵之後所得餘利按
股均分弒給股摺至應付利銀之日由局先爲知照憑摺支付今
據送到股本合給聯票一紙股摺一扣局草一本敉須至股票者

今收到廣東　省廣州　　府香山縣人

曾存喜堂股銀

光緒七年七月　　初九　　日給

經收唐景星

壹千　　兩正

第壹百二百九十　號至六千三百　號

⑦ 有唐景星（唐廷枢）签名的开平矿务局股票，这也是
我国现存最早的股票。

唐景星纯用洋法攻开平，据云明岁冬间得煤必多而美。鄙愿他省若同时并举，为利乃溥。

1880 年 10 月，鉴于开平煤矿投产在即，唐廷枢又向李鸿章提出："此时不得不预筹运道，以备明春出煤之路"，拟"由芦台向东北直抵丰润属之胥各庄"开挖一条长约 70 里的"煤河"，再由胥各庄"筑快车路一条，直抵煤厂"，长约 15 里，约共需银 14 万余两。对此，李鸿章自然不会反对。该项工程于次年春启动，夏间完成，所需经费"统归存矿局自筹，未领公款分文"。只是唐廷枢所说的"快车道"，李鸿章在奏报朝廷时称之为"马路"，李大人在这里巧妙地把保守派忌讳的相当于火车的"快车"去掉了。

1881 年，开平煤矿正式投产后，唐廷枢马上禀报李鸿章，这个精明的企业家开始向上级领导算经济账了：

中国初定约时，为外人所蒙，转使外洋进口之货税轻，内地出口之货税重，不啻抑华商而护洋商，此通商后数十年之流弊，隐受厥累而不觉者也。即以煤斤而论，洋煤每吨税银五分，土煤每担税银四分，合之一吨实有六钱七分二厘，若加复进口关税，已合每吨银一两有奇，盈绌悬殊至二十倍之多。

开平煤矿各项费用已达 70 余万两，"成本既重，煤价亦因之而昂，若再加现定之税额，既难敌外洋之煤，其势必不能畅销"。唐廷枢希望能按照此前朝廷批准台湾等地采煤的成例，每吨煤仅纳税银一钱。李鸿章一面努力奏请朝廷为开平矿务局减税，以"恤华商而敌洋煤，庶风气日开，利源日旺"；一面满怀信心地宣称："从此中国兵船轮船及机器制造各局用煤，不致远购于外洋，一旦有事，庶不为敌人所把持，亦可免利源之外泄，富强之基，此为嚆矢。"当年开平产煤仅 1600 余吨，次年即增至 3.8 万余吨，此后连年递增，1885 年已达 18.7 万余吨。

开平煤矿的顺利投产，极大地调动了商贾的投资热情。1882年初开平即募足了 100 万两股本，面值为 100 两的开平股票在上海市场的价格一度飙升至 240 两。开平所产之煤以优良的品质和低廉的价格迅速占领了天津市场，1881 年天津进口洋煤 1.7 万余吨，次年即减至 5400 余吨，1886 年进而减为 301 吨。至 19 世纪 80 年代末，天津已不再进口洋煤。

由于煤河春秋两季水源不足，冬季又要上冻，利用率极低，而且每年清淤，耗资费力，唐廷枢于 1886 年夏禀请李鸿章批准，成立开平铁路公司，集股 25 万两，续修由胥各庄至芦台附近阎庄长约 65 里的铁路，次年 5 月完工。稍后，经总理海军事务衙门奏准，将该路延长至大沽。不久，再次续修至天津。运输条件的改善，进一步提高了开平煤矿的生产能力，1887 年产煤量增至 22.4 万吨。1885 年 5 月，开平矿务局邀请股东代表赴唐山审查经费开支账目。7 月在天津召集股东大会，决定首次向股东分发 6% 的股息。据说，此后开平矿务局每年都要发一次股息，一般均按 10% 至 12% 发放。

1889 年，唐廷枢又在上海募股 50 万两，在距原矿址约 20 里的林西开凿了新矿井，将铁路由开平修筑至林西。第二年又修建了林西矿至古冶火车站支线。开平矿务局还自购轮船 4 艘，先后在天津、烟台、大连、牛庄（营口）、上海、香港、广州等地建立码头和栈房，以提高开平煤炭的外运能力。这些举措的实施，使开平煤矿的年产量在 19 世纪 90 年代初即突破了 25 万吨，至 90 年代末更高达 77.8 万余吨。

而关于开平铁路公司的运营情况，1887 年 1 月 23 日《申报》报道称：开平铁路公司有火车 3 辆，客货车 102 辆，每辆火车可拉客货车 20~30 辆，每天行驶 4 次，共往返 11 次，每天搭载旅客 400~500 人，每天收入约 4000 两，除养路费 2000 两外，有余利近 2000 两。由此可以看出唐廷枢管理和经营企业的卓越才能。

在铁路运输渐成规模之后，1888 年唐廷枢开始组建开平船队，购买了 4 艘轮船，进行海上运输，并在沿海城市建设码头，扩大销售渠道。

在开办煤矿的同时，唐廷枢还特别注重多产业协同发展。主要有：开办沽塘耕种公司，种植树木供井下支护用；入股天津煤气公司；接办承德承平银矿、建平金矿；创办唐山细绵土厂（即水泥厂）等。这些产业都带动了北方近代工业的快速发展。

唐廷枢筹办开平矿务局之初，原拟煤铁矿一起开采。但是，直至开平矿务局成立时，他仅募得股本 20 余万两，只好先从煤矿办起。

李鸿章在奏报朝廷时说得更为明确：

> 查初定章程，拟招商股银八十万两开采煤铁，并建生熟铁炉、机厂，就近熔化，继因招股聚难足额，熔铁炉厂成本过巨，非精于铁工者不能位置合宜，遂先专力煤矿，采煤既有成效，则炼铁必可续筹也。

1881年开平煤矿投产见效后，唐廷枢曾亲赴迁安县境内的清凉山与滦州境内的马子沟、陈家岭、凤山等地勘察，拣取铁矿石样品100担，运往英国试炼，并且订购了机器，打算第二年动工开采、冶炼。不料，又有保守派大臣奏称："迁安等处与清室皇陵毗连，开矿有碍地脉。"于是，很快即有报道说："铁矿的开采已奉上谕停止。"此后这件事再也没有被提起过。

令人感叹的是，储量丰富的迁安铁矿，如今已是我国四大铁矿之一，探明储量50亿吨左右，且埋藏浅，易于露天开采，铁矿石主要供于包括首钢、唐钢在内的京津唐钢铁基地。假如当时能够开采成功，将是一个不亚于张之洞在湖北兴建的大冶铁矿规模的重点企业。

1886年唐廷枢集资在开平煤矿附近创办的唐山细绵土厂，后改名唐山洋灰公司。此即为今天的冀东水泥集团启新水泥有限公司的前身，在这里生产出了中国第一桶水泥。

1892年10月7日，唐廷枢病逝于天津开平矿务局，享年60岁。

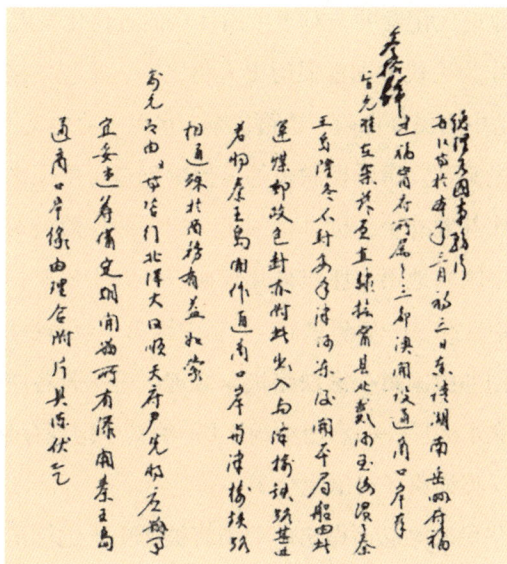

⤒ 光绪皇帝御批开秦皇岛口岸奏折。

此时，开平矿务局煤的年产量已经达到 40 万吨，对洋务工商业发展起到了巨大的支撑作用。唐廷枢后半生都在为洋务事业奔走，在他去世后竟然没有留下家产，葬礼花销也是友人资助的。有友人在《申报》上撰文追思，称其"惟公负坚忍不拔之志，存至公无我之心，不畏难，不贪利，用能再蹶再振，卒告成功"，这是唐廷枢后半生的真实写照。

轮船招商局与开平矿务局的成功，都是在唐廷枢的苦心经营下取得的。唐廷枢是中国第一代具有近代经营管理才干的实业家，他对于中国工业近代化发展，对于中国社会的近代化发展功不可没。

唐廷枢作为近代中国重要历史人物之一，是较早接受西式教育的中国人，是中国民族保险、铁路机车、水泥工业之父，被誉为"中国近代工业先驱"。唐廷枢激荡的一生中创造了中国多个第一：中国企业第一次并购外企，创办中国第一家民族保险公司——保险招商局；创建中国内地第一座机械化煤矿——开平煤矿；修建中国第一条标准轨距铁路——唐胥铁路；创制中国第一台蒸汽机车——"龙号"机车；创办中国第一家铁路机车修理厂——胥各庄修车厂；创办中国第一家水泥厂——唐山细绵土厂；编纂中国现存最早的以"英语"命名的汉英词典《英语集全》……

他为中华民族崛起而做出的功绩将被历史永远铭记。

英国"高级打工者"金达

　　从唐胥铁路的实操层面看，英国工程师金达，是唐廷枢之后的二号人物。金达全名克劳德·威廉·金达，1878年被开平矿务局聘任为修建铁路总工程司，后任开平矿务局第二任总工程司。他对中国铁路最大的贡献是力主唐胥铁路采用1435毫米国际标准轨距，使之成为日后中国铁路建设规制，并沿用至今。这个标准的开端，可谓功莫大焉。金达在中国从事铁路技术工作32年，先后任中国铁路公司等四个铁路公司总工程司，培养带动了包括詹天佑在内的大批铁路建设人才。鉴于他对中国铁路的贡献，1905年，清政府册封其二品官衔。

　　金达是个"铁二代"，其父亲托马斯·威廉·金达是一位经验丰富的英国铁道技师，1845年开始从事英国布罗姆斯格罗夫和奥尔德堡的铁路建设。其后，1851至1855年担任爱尔兰米德兰大西部铁路的建设。1855年，负责管理什鲁斯伯根里至伯明翰铁路的机车

⊙克劳德·威廉·金达

部门。同时，老金达还是一位跨界人才，他当过陆军中尉、香港皇家造币局长官、大阪造币寮外国人技师。

1852 年金达出生时，老金达还是一位铁道技师，正在从事爱尔兰米德兰大西部铁路的建设。1865 年，金达的父亲到香港工作，全家随之迁居。1870 年 3 月，金达有机会去俄国一家工厂学习铁路工程，后来在已到日本工作的父亲的帮助下，金达来到日本铁路省担任助理工程师，参与铁路建设。

1877 年 11 月，金达自日本来到上海，遇到两位正要到唐山参与开矿的英国工程师，他有机会结识了唐廷枢，被其聘为开平矿务局工程师。

1882 年，开平矿务局的总工程司白内特离职后，唐廷枢提拔金达接任。开平铁路公司和后来的中国铁路公司成立后，金达被任命为总工程司，同时保留矿山开采职责。直到关内外铁路公司成立

后，1891 年，金达在矿务局的职责才被移交给独立的公司管理层，
但仍然保留顾问一职。

可以说，在詹天佑团队羽翼未丰和受到政府重用之前，金达，
这位老牌英国铁路工程师，是中国铁路技术的实际权威人物，因为
当时的中国，对于铁路而言，还没有像金达这样的明白人。

作为英籍工程师，又有早年在日本、俄国参与铁路建设的履历，
所以在开平矿务局建设之初，他就受雇参与了筹建工作。唐胥铁路
的修筑、"龙号"机车的制造、标准轨距的确定等，都是在金达的
参与或主持之下得以实现的。客观地说，包括后来在他主持下几条
铁路干线的修建，金达对中国铁路的肇始和发展发挥了不可替代的
重要作用。

事莫难于创始。刚刚来到中国的金达迅速适应环境，和李鸿章、
唐廷枢默契配合，在建矿、修路、造车几件大事中发挥了关键作用。
当时，英国有工程师协会，世界各地的工程人员都要在年底注册，
并向协会汇报本人工作。中国作为英国人眼中最大的市场，协会自
然特别关注这边的动态。对于唐胥铁路的修筑，英文报纸《字林西报》
做了报道："英人金达主持开平煤矿修轻便铁道运煤。鸿章未入奏，
人以为危。"此条报道，意在凸显金达面对压力的胆识与担当。

1880 年到 1881 年，金达领衔制造了中国最早的机车——"中
国火箭号"。

1885 年，金达通过天津海关税务司德璀琳介绍，谒见李鸿章，

⊙ 伍廷芳

当面向其陈述了进一步延长唐胥铁路的重要性。无疑，这是一次中国铁路肇始之初的重要谈话。其实早在金达受聘于开平矿务局之际，李鸿章就对他领衔修筑唐胥铁路等工作有所了解。二人见面以后，在修筑铁路方面，金达也更加受到李鸿章的倚重。李鸿章随即奏请将唐胥铁路展筑至芦台，并得到朝廷的批准。于是就有了次年成立开平铁路公司，将铁路从矿山中独立出来，并任命伍廷芳为总理。金达则致力于开平铁路公司的创建。

伍廷芳（1842—1922），字文爵，号秩庸，清末民初外交家、法学家。1874 年，伍廷芳入英国伦敦学院攻读法学，获博士学位及大律师资格，成为中国近代第一个法学博士。他在唐胥铁路开通第二年进入李鸿章幕府，出任法律顾问，参与了中法谈判、马关谈判等，1896 年被清政府任命为驻美国、西班牙、秘鲁公使。辛亥革命爆发后，任中华民国军政府外交总长，主持南北议和，达成后迫清室退位。

有伍廷芳这样一位"英国通"总理，自然会给金达施展作为创造良好的条件。由于有伍廷芳、吴炽昌等人的支持，金达在铁路公司中担任技术最高职务，在其下汇集了以英国技师为主的技术人员团队。

清政府决定官办铁路后，金达的事业舞台进一步拓展，任北洋官铁路总局总工程司。为了专职修建铁路，他不再担任开平矿务局总工程司，改任顾问。此后，金达同时担任天津中国铁路公司、北洋官铁路总局、津卢铁路（后改为关内外铁路）公司和卢汉铁路卢保段四条铁路总工程司，并获清政府"双龙宝星"勋章。

然而，在中国职场如鱼得水的金达，事业上也并不是一帆风顺。

1897 年 4 月，卢沟桥至保定段铁路开工，金达任总工程司。而同年 10 月，商定向比利时借款，金达等中国铁路公司人员无奈撤出，交由比利时人接办。但比利时人为了加快进度和节省费用，偷工减料，造成铁路质量极差，令金达、詹天佑等人痛心疾首。如总长 3010.2 米的黄河大桥，就因基桩深度不够等原因，多次发生事故，詹天佑曾受命对该桥进行勘验。

1898 年 12 月，中英签订《关内外铁路借款合同》，其中规定：铁路总工程司由英国人担任。意思是借我的钱就得用我的人。而俄国也开始争夺中国东北筑路权，试图阻止英国势力进入东北，遂以反对金达任总工程司为借口，挑起事端，要求中国政府解除金达铁路总工程司职务，用俄国资本和俄国工程师修筑铁路，但总理海军

⊕ 欧洲工作人员和中国官员在唐山拍摄的照片。前排左起：白内特、徐
润、唐廷枢、吴炽昌、英籍联合董事，后排中间为金达，他的右侧为采矿
工程师莫尔斯沃思，左侧是他的同事。

事务衙门没有同意俄国的无理要求。

1900 年庚子之乱，八国联军入侵，俄国军队趁机占领了开平煤矿，掠夺矿山设备和存煤，包括金达在内的唐山、林西矿的职员和部分工人逃离避难。金达和一些欧洲人先是避往烟台，后来辗转到天津，与控制部分中国铁路的英军铁路军事单位合作，负责铁路修复工作。直到 1902 年外国军队撤离后铁路管辖权交还中国，金达才官复原职。

庚子之乱中，英国和比利时资本家在中国和欧洲实施了一系列有预谋的欺诈行为，开平矿务局被骗占，并在英国注册成立"开平矿务有限公司"。

后来，以修建京张铁路为分水岭，以詹天佑为代表的中国铁路工程技术力量逐渐成为中国铁路建设的主角。京张铁路以关内外铁路收入盈余为筑路款，而关内外铁路的修筑经费是向英国贷款。早在 1898 年，督办关内外铁路的胡燏棻曾向英国借资 230 万镑，存入汇丰银行，在合同中标注中方不得动用铁路盈余，要提取必须取得英方同意。所以英国人认为，以关内外铁路收入盈余修建京张铁路，应该用英国工程师主持修建，并派金达进行"游猎勘测"。而俄国人认为在接收关内外铁路时已有约在先，长城以北铁路不能由他国修建。在英俄互不相让之际，清政府听从了袁世凯等人的建议，决定京张铁路不再用洋工程师，而由中国人自己修筑和管理。客观上，这种大环境也为詹天佑等中国铁路工程技术骨干的成长提供了舞台。

在各自勘测京张铁路途中，詹天佑和金达相遇了。金达对詹天佑说："我在勘测中发现，从南口到八达岭岔道城之间的线路困难程度，大大超出我的料想……"金达的畏难情绪，让詹天佑感到了肩上的责任。詹天佑态度明确地告诉金达，中国政府已经决定，京张铁路由中国人自己修筑和管理。

至此，詹天佑逐渐取代了金达指挥修筑铁路的角色。后来，金达淡出业界，功成身退。1909 年 4 月，金达退休回英国老家，一张从唐山启程回国的老照片中，被送行者簇拥的金达先生露出了欣慰而含蓄的笑容。

金达对中国铁路是有着深厚感情的，作为早期的外国专家，他把人生最宝贵的 32 年岁月留在了中国。

金达对中国铁路还有一个特别重大的贡献，就是他首先提出在中国建立铁路学堂。1891 年，他就曾与同僚薛福成坦言铁路技术人员匮乏。1893 年 9 月和 1896 年 5 月，金达两次上书李鸿章和津卢铁路督办胡燏棻，反复呼吁创建铁路学堂。他的建议得到后来的直隶总督王文韶等人的支持，山海关北洋铁路官学堂得以创办。这所学校后来迁至唐山，坐落在唐胥铁路东端路北，成为我国第一所工科大学——唐山铁道学院，后来，学校西迁发展成今天的西南交通大学。

金达是个能干事又懂生活的人。1893 年，随着铁路展筑勘测向东推进，第一次来到北戴河的金达，如同当年的哥伦布发现了新大陆，他以现代文明的眼光，欣喜地发现这里风光秀丽，沙软潮平，是绝佳的海滨浴场。回到唐山和天津，金达在他的朋友圈中广泛宣传，于是，许多外国人慕名而来，口口相传，自此北戴河名扬海外。1897 年，英国人爱德华在联峰山修建第一栋别墅。1898 年，清政府宣布将北戴河辟为允许中外人士杂居的避暑胜地。自此，中外名流、皇家贵族、传教士等纷纷来北戴河兴建别墅。至 1949 年新中国成立之前，北戴河共兴建别墅 719 栋，成为当时中国继庐山之后的第二大风景别墅区。至今，北戴河中海滩路还矗立着金达的塑像。

2018 年 10 月，为纪念金达先生对中国煤矿开采、铁路建设、人才培养方面的功绩，以及对中国早期工业化作出的贡献，开滦集团按照修旧如旧原则建成金达纪念馆，展陈关于金达在中国工作生活的图文资料。而北京中国铁道博物馆正阳门展馆大楼中的商场，也以"金达商场"命名，亦可看作是国人对这位外国铁路专家的认可、尊敬与纪念。

⚁ 为纪念金达先生在中国作出的贡献，开滦集团按照修旧如旧原则建成金达纪念馆。

工地小伙詹天佑

　　唐胥铁路向西展筑伊始，詹天佑还是个初出茅庐的小伙子。但这个铁路小伙不简单，他在唐胥铁路西延东展的修路一线摔打历练，在这条铁路延展的不同工段总共工作了 12 年之久。

　　詹天佑（1861—1919），字眷诚，是清政府第一批留美幼童，毕业于美国耶鲁大学谢菲尔德理工学院铁路工程专业。1888 年 8 月，入职中国铁路公司，任帮工程司，做金达的助手。后来他成为铁路工程专家，中国首位铁路总工程师，特别是后来挂帅修建京张铁路，在无任何外国援助的情况下建成了这条铁路，大长了中国人的志气，赢得了国内外高度赞誉。

　　正是在唐胥铁路建成通车的 1881 年，詹天佑于耶鲁大学毕业，好学上进的他原准备继续深造，但无奈清政府要求留美学子回国。

　　詹天佑回国之后被派往福州船政水师学堂学驾驶，学成后被派往福建水师旗舰"扬武号"任实习船员和炮手，由于他在中法马尾海战中的突出表现，战后被调入黄埔水师学堂任教习，获五品顶戴。后来，他又当上福州船政局学堂教习。1884年10月，张之洞任两广总督，为吸纳贤才，调詹天佑自福建到广东博学馆任教，并派遣他勘测绘制广东海防图。他带着三名学员，用所学的测绘知识，以敏锐的思维，完成了海域防务图。这也是我国最早的海防测绘图。

1888年，詹天佑在留学回国后的第七个年头，经同学邝景扬介绍，得以进入天津中国铁路公司，开始了他的铁路职业生涯。

詹天佑刚入职的前两年，负责唐胥铁路西延塘沽至天津间的铺轨工作。1890年，清政府决定修筑关内外铁路，詹天佑作为帮工程司被派往工地，负责修建古冶至滦县段铁路，常驻在滦河东岸的石门镇。詹天佑言语不多，工作却干得井井有条，时任总工程司的金达对这位留学回国的帮工程司的专业能力和工作态度印象深刻。

1892年，唐胥铁路向东延展到河北滦县时，遇到了第一条大河——滦河。滦河发源于承德地区丰宁满族自治县西北巴颜图尔古山麓，蜿蜒南下，经内蒙古高原、坝上草原、燕山山脉、华北平原注入渤海，全长877公里，流域面积4.46万平方公里，是华北地区的一条大河。当时的铁路大桥桥址地处下游，河面宽600余米，水流湍急，沙层很深。英、德、日等国工程师指挥施工，屡次打桩均告失败。在紧急情况下，总工程司金达向主持施工的英国铁路同事喀克斯推荐了中国铁路工程人才——詹天佑。

詹天佑临危受命，先是着手对工程多次失利的原因进行了详尽

⇧ 詹天佑

的分析和梳理，然后又与工人们一起实地调查勘测，对滦河河底的地质土壤进行了周密的探测研究，仔细分析了滦河河床的地质构造，反复研究分析后，决定改变桥址，重新确定桥墩位置。接着，詹天佑首次在国内提出采用"气压沉箱法"，以潜水员潜入河底，配合机器作业，将沉箱刃脚嵌入岩盘，沉箱深度达 21.3 米，成功地奠定了桥墩的基础。

所谓"气压沉箱法"，即先是设置一个四周和上部密闭、底部敞开的巨型箱子，倒扣放置于河床之上，然后把压缩空气通过气压自动调节装置向箱体内注入，至箱内气压与河底水压相等时，箱体在自重、上部荷载，以及控制用水重力的作用下，下沉到指定的深度，抽出沉箱底部的泥水，这样沉箱底部就会露出河床，供工人们进行挖沙排土和浇筑混凝土作业。沉箱顶盖装有井筒和气闸，以供人员和施工材料进出。工人们将混凝土灌注箱内，嵌入岩盘，形成坚实的大桥桥墩基础。这项工程不仅是打桩和浇筑桥墩的难度大，从结构上看，由于受地质条件影响，桥梁跨度大且不等，由此带来的复杂结构和多种梁型，在钢梁桥建筑史上亦不多见。石砌的墩台，历经百年，还经过唐山大地震的考验，毫无自然损毁，成为中国现代土木工程发端的代表性建筑。

该桥桥墩基全部为混凝土浇筑，两岸桥台均为沉井基础，全部用混凝土浇筑。当时，水泥需要从国外进口，价格昂贵，詹天佑就在混凝土用量预算上精打细算，以免造成浪费。此桥全长 670.6 米，共 17 孔，其中 61 米钢架梁 5 孔，30.5 米钢架梁 10 孔，9.1 米钢梁 2 孔。建桥所用的水泥、钢梁等材料全部购自英国，工程造价合白银 57.6 万两。1892 年 5 月大桥开工，1894 年 2 月竣工。在此桥竣工的同时，山海关至天津铁路通车，并逐渐发展成后来的京奉铁路。

像一株植物的分蘖，随着唐胥铁路的展筑，催生了相关铁路企业的诞生与发展。为了修筑铁路的需要，1893 年，北洋官铁路局在山海关成立桥梁厂，生产铁镐、垫板、道钉等铁路工务用品和简单的桥梁配件。1894 年，滦河大桥建成，北洋官铁路局上书清政府，获拨白银 48 万两，正式组建成立北洋官铁路局山海关桥梁厂。该桥建成后参加施工的约 300 名桥工转入该厂，顺理成章地成为我国首批自行制造钢梁的骨干。

成功修建滦河铁路大桥，是詹天佑第一次在铁路建设重点难点工程中亮相。他的胆识、才华和工作作风，彰显了中国工程师的智慧与品质，在当时外国技术权威"一统天下"的环境中，为中国工程人才的成长树立了标杆和榜样。滦河铁路大桥建成后，震惊了世界铁路工程界：一个中国助理工程师解决了三个国家的工程师都无法破解的大难题。詹天佑的名字开始为人们所熟知。1894年，在金达的推荐下，詹天佑成为享誉盛名的英国土木工程师学会的准会员，并于1910年成为正式会员，也成为中国人此学会的第一人。滦河铁路大桥的成功建成，也让没落的清政府认识到，留学归来的人才对中国会有很大的贡献，中国人是有能力修建铁路和完成重大工程的。这些示范作用，都对后来中国自办铁路、自修铁路产生了积极影响。

1924年、1928年、1933年，滦河大桥几次经历战争破坏与修复。1929年，因煤运量日增，唐山至秦皇岛铁路除滦县至朱各庄这段，均已铺成双线。因此桥尚为单线，且地形不利，钢梁载重等级低，所以1935年开工，在该桥上游约45米处建双线新桥。由于后来日本侵华战争全面爆发，中途几经停建，新桥直到1943年才正式建成投入使用。

为适应铁路运输需要，2000年9月再次动工修建新桥，2001年12月竣工。新桥位于两座旧桥之间，为25孔32米双线预应力混凝土提速梁。桥长817.6米，能适应列车200公里每小时的运行时速。

然而，饱经沧桑的滦河铁桥并未被拆除，1943年至1975年此

⊕滦河大桥1892年5月开工，1894年2月竣工。此桥全长670.6米，共17孔，其中61米钢架梁5孔，30.5米钢架梁10孔，9.1米钢梁2孔。

桥改为公路桥，还戏剧性地发挥了两次重要作用。1948 年 12 月，国民党军队为阻止人民解放军沿京沈铁路前进，撤退前将滦河新桥、旧桥炸断。辽沈战役结束后，平津战役相继展开，东北野战军入关，军运任务紧迫。因旧桥破坏程度较轻，1948 年 12 月，铁道纵队第四支队受命抢修滦河旧桥，铁路唐山工务段、山海关桥梁厂等单位工人也来参战，抢修人员达 1400 余人。抢修于 1949 年 1 月 4 日正式开工，经过 19 个昼夜的连续突击，于 1 月 24 日通车，为东北野战军挥师入津打通了道路。

令人难以置信的是，1976 年唐山大地震波及滦县，这座已经退役的老桥两侧的铁路桥和公路桥破损严重，而这座历经 80 多年风霜雨雪和几次特大洪水冲刷过的旧桥，却经受住了强烈地震的考验，只经过简单抢修便能行驶汽车，使大批救灾物资源源不断地运往唐山，还保证了大批伤员向东北地区转运。由此，很多人又由衷地对詹天佑的造桥技术伸出了大拇指。

1897 年 8 月，津卢铁路与津榆铁路合并，北洋官铁路总局改名为关内外铁路总局，接修关内外中后所至新民屯铁路，并修筑沟帮子至营口铁路支线。而此时的詹天佑已经由锦州段铁路分段工程师，升任关内外铁路总局帮办。从唐胥铁路向两端的展筑，成为詹天佑历练成长的事业舞台。

庚子之乱平息后，华北地区百废待兴，为振兴经济和发展商业，1905 年，袁世凯上奏修筑北京至张家口的铁路获批，这是清政府建

全国重点文物保护单位
滦河铁桥
中华人民共和国国务院
二〇一三年三月五日公布
河北省人民政府
二〇一四年二月立

设的第三条干线铁路，也是完全由中国工程技术人员独立自主建设
的铁路。

1905 年 5 月，京张铁路局成立，陈昭常为总办，詹天佑为会
办兼总工程司，后任总办兼总工程司，着手组建工程局。第一次独
立主持大规模的铁路工程，詹天佑深知责任重大。为了勘测地形，
规划线路，他栉风沐雨，跋山涉水，带领铁路工程技术人员往返勘
察了三条线路。经过反复比较工期和费用，最后选定了通过关沟段
线路，这条线路比金达勘定的线路减少开凿隧道 2000 多米。

詹天佑提出把开平矿务局邝景扬调来，并要求调派各处具有铁
路专业知识的中国工程技术人员，共同修建京张铁路。在开平矿务
局总矿师邝荣光和詹天佑的好友邝景扬的帮助下，采用开平煤矿"竖
井开凿法"施工，缩短工期，建成长达 1091 米的全线重点工程——
八达岭隧道，蜚声中外工程界。在京张铁路最险峻的八达岭隧道关
沟段，詹天佑创造性地设计了"人字形"线路方案，解决了"卡脖
子"路段，成为铁路建设史上的一个壮举。

以勤勉、严谨著称的詹天佑，非常重视工程标准化，他主持编
制的京张铁路标准图成为中国铁路第一套工程标准图。鉴于中国早
期铁路工程标准混乱的现状，他还上书清政府，统一全国铁路工程
标准，提出全国采用唐胥铁路所确定的标准轨距。清政府据此制定
了全国铁路建设的技术标准。

京张铁路 1905 年 9 月开工，1909 年 10 月竣工，全长 201 公里，

⊕青龙桥车站詹天佑铜像。

是当时建设条件最复杂、最艰巨的铁路，原定 6 年才能完成的工程，只用了 4 年时间，花费也比预计减少 28 万两。后来，为了纪念詹天佑，人们在青龙桥车站为他树立了铜像，让后人铭记他的功绩。

后来詹天佑在筹划修建沪嘉、洛潼、津芦、锦州、萍醴、潮汕、粤汉等铁路中，成绩斐然，蜚声中外。1911 年，詹天佑在广州约集工程界同志，创立中华工程学会；1912 年，该学会与中华工学会、共济会合并，改名为中华工程师学会，詹天佑被选为会长，邝荣光为副会长。

詹天佑的成长史、家国情，无不映照着他生活的那个时代的多彩画卷。虽身处乱世，但他一生诚实坚毅、规矩勤勉、严谨认真、兢兢业业，在官、商、学三界都受到尊敬。从唐胥铁路西延东展的工地上起步，詹天佑以毕生对中国铁路事业的卓越贡献，成为我国近代科学技术界的先驱，伟大的爱国主义者，杰出的铁路工程技术专家。作为中国铁路事业的先驱者，詹天佑被人们称作"中国铁路之父""中国近代工程之父"。

邝景扬和他的伙伴们

唐胥铁路以及向两端的展筑，成为中国早期铁路英才的摇篮。在这个人才团队中，邝景扬是其中出色的一位。

邝景扬（1861—1919），第三批留美幼童，1881 年回国后任开平矿务局帮工程司，也是金达的助手。他与詹天佑相知相契，志同道合，一起成为中国铁路建设初期两位知名的铁路专家。1892 年后，邝景扬任京奉、株萍铁路副工程师。1905 年，他与詹天佑共同主持修建京张铁路，任京张铁路副总工程司，11 月，曾代理京张铁路总工程司。1906 年，邝景扬就任粤汉铁路总工程司。

重要的是，邝景扬不仅是詹天佑的老乡、同学，还是他的伯乐。

1886 年，唐胥铁路脱离开平矿务局，组建开平铁路公司，李鸿章任命其英文助理伍廷芳出任总理，开平矿务局总办唐廷枢、会办吴炽昌先后任经理；开平矿务局总矿师金达兼任总工程司。而邝景扬也在此时调离开平煤矿，成为开平铁路公司的一位铁路帮工程司，从事修筑唐阎铁路（唐胥铁路西延至芦台阎庄）的工程，被誉为"中国最早的铁路工程师"。

唐阎铁路于 1887 年春竣工，李鸿章当即批准开平铁路公司迁往天津，更名为中国铁路公司，并将铁路继续向塘沽、天津方向展筑。1888 年，当邝景扬得知留美同学詹天佑在广东工作专业没有对口时，便积极向伍廷芳举荐詹天佑。詹天佑来到中国铁路公司后，被聘为铁路帮工程司。此时，正赶上塘沽至天津的铁路土方路基刚刚完工成形，金达遂将这段铁路的铺轨工作交给詹天佑负责。詹天佑带队在 80 天内顺利完成铺轨工程，初步展露了卓越的筑路才干。

如果不是邝景扬的鼎力推荐，詹天佑的职业生涯很可能与铁路无缘。因为在清末，除了科举考试之外，人才就业的途径主要是经熟人推荐。

后来，邝景扬相继参加了古冶至山海关以及关外铁路的修建工作。1898 年，詹天佑与邝景扬分别担任营口、锦州驻段工程司，二人配合默契，施工进度迅速，均成为声望极高的中国铁路工程师。1901 年，邝景扬到萍醴铁路（萍乡至醴陵）任助理工程司，1903 年回京奉铁路任工程司。1905 年，清廷决定由詹天佑主持修建京张铁路，詹天佑提议将邝景扬等人从关内外铁路调到京张铁路，协助自己完成这一举世瞩目的铁路工程。

1906 年，粤汉铁路（广州至汉口）有限公司成立，恳请詹天佑返回广东，主持该工程。然而，事务繁忙的詹天佑难以离开京张

⊕邝景扬（后立左2）在唐芦铁路测量途中。

工地，便力荐邝景扬代替自己出任粤汉铁路总工程司。邝景扬不负众望，在完成重任的同时，还在主持粤汉铁路工程期间著成《粤汉工程辩诬》一书。

直至 1911 年，京绥铁路（北京—张家口—绥远）基本完工，詹天佑这才南下广东，担任粤汉铁路总理兼总工程司，而邝景扬则北上就任京绥铁路总工程司等职。二人岗位互换，粤汉、京绥铁路两全其美，一时传为佳话。

邝景扬 1917 年任津浦铁路总工程司，1920 年任京绥铁路和京汉铁路主管，1921 年任平绥铁路总工程司兼平汉铁路顾问工程司，同时，被选为中美工程师协会会长、中华工程师学会会长。民国之后，邝景扬还主持修筑了北京环城铁路。邝景扬，这位中国最早的铁路工程师，他与詹天佑肝胆相照，共事一生，在中国铁路史上留下了一段佳话。

追随着詹天佑、邝景扬的足迹，以留美幼童为主要班底，从开平矿务局走出了一批中国早期铁路人才，他们成为中国早期铁路建设发展的顶梁柱。

和詹天佑同为首批赴美留学生的邝荣光，后任开平矿务局总矿师，他还参与了许多煤矿的勘测，并发现了湖南湘潭煤矿。由他绘制的《直隶地质图》《直隶省矿产图》，填补了中国矿产业的一项空白。在攻克京张铁路八达岭开凿隧道难题上，邝荣光为詹天佑提出了可行的解决方案。

第二批留美幼童唐国安，后来被分配到开平矿务局在唐廷枢身边工作。在离开开平矿务局后，他先后到上海粤汉铁路公司、卢汉铁路总公司、京奉铁路等地工作，展示出卓越的工作才干。后来，唐国安还出任清华学堂第一任校长。同为第二批留美幼童的陆锡贵，回国后在开平矿务局工作多年，成为中国第一批矿业工程师。后来陆锡贵参加了京奉铁路建设，曾任总工程司室秘书。

第三批留美幼童邝贤俦，回国后在开平矿务局工作多年，担任化验员，后被调至京张铁路，协助詹天佑完成筑路工程。后来他还担任过正太、粤汉、京奉等路的工程司职务。

第四批留美幼童周传谏，回国后被分配到开平煤矿工作，曾任开平总工程司金达的重要助理及中文翻译，后来还参加了京奉铁路建设。同为第四批留美幼童的梁诚，1901 年开平矿务局被英国、比利时资本家骗占后，任开平矿务有限公司中方总办，主管会计部门。后来他曾出任粤汉铁路公司总办，协助张之洞从美国人手中争回粤汉铁路的筑路权。

1919 年，詹天佑先生病逝后，邝景扬与同仁们共同倡议为其树立铜像，并为此呈文政府。1922 年，坐落在八达岭青龙桥火车站站台旁的詹天佑铜像及碑亭终于建成，了却了邝景扬和伙伴们的一桩夙愿。今天，这里也成为北京八达岭的一处人文景观。

第五章

故事之外的故事

故事之外的故事，类似于正史之外的逸史，这也可能是人们最感兴趣的部分和耐看的部分。我想起电视连续剧《宰相刘罗锅》片尾曲："故事里的事说是就是不是也是，故事里的事说不是就不是是也不是。"而对于唐胥铁路来说，这些故事之外的故事，的确是真实有趣的。它们像唐胥铁路这根钢铁藤蔓上"旁逸斜出"的枝条，以及这些枝条上意想不到的果实，让故事本身散发出别样的味道……

"二次通车"与王家河桥

　　唐胥铁路中间靠近胥各庄的王家河村附近，有一座铁路桥，称为王家河桥。这座看起来不起眼的桥，却可以说是中国第一座正规的铁路桥。说起它，也就引出了唐胥铁路"二次通车"的故事。

　　唐胥铁路于 1881 年 11 月 8 日正式建成通车。但有记载，在 1882 年 2 月 26 日，唐胥铁路又一次举行开通运营庆典。这到底又是怎么一回事呢？

　　在修建唐胥铁路的时候，金达设计在唐山和胥各庄的中间位置建造一个小型客运站，由于其所在位置正处于唐山和胥各庄之间，所以这座车站被命名为中途站。1881 年 11 月 8 日，唐胥铁路举行首次开通典礼，"龙号"机车载着开平矿务局股东和当地的官员们前往王家河铁路桥庆祝。此时，唐胥铁路的第一座跨越河流的铁路桥——王家河铁路桥已基本完成，但还不具备通车条件。唐胥铁路最终是在冬季全部建造完成的，于是在 1882 年 2 月 26 日举行了唐

⊕ 建设中的王家河铁路桥。此桥为单跨沃伦式桁梁桥，也是我国第一座铁路钢梁桥。

胥铁路全线通车庆典。

　　在后来的这次庆典活动中，开平矿务局的一些员工也开心地享受了一次唐山至胥各庄庆祝性的火车之旅。这次通车庆典开始正式售票，第一张具有象征意义的车票被来自天津机器局的总工程司徒诺拿到，司徒诺在天津洋人圈子里也是声名显赫的工程技术人员。因为天津机器局是以生产军火为主的北方最大的兵工厂，是官办的军工企业。司徒诺和开平矿务局的白内特、金达等外籍工程技术人员来往密切。

　　1882 年 4 月，来自唐山煤矿的第一批煤炭通过铁路和煤河运送到了天津市场。从此以后，唐胥铁路通过运载货物和乘客有了不菲的收入，满足了铁路运营的开支并开始盈利。

　　转折点在 1882 年 6 月，唐胥铁路得到了醇亲王奕譞的支持。为了扩大唐胥铁路的影响，开平矿务局邀请了一些特殊的客人搞了一次特殊的运行。那一天，在特制的豪华车厢里坐满了头戴花翎、身着官服的官员。"龙号"机车以 30 公里的时速，载着这些特殊的旅客在唐胥铁路上跑了一趟。这次堪称豪华之旅的官员专列试乘，彻底堵上了那些反对修铁路的人的嘴。从这以后，再也没有人谈论用骡马拉车的事了。同年 10 月，开平矿务局又从英国购入两台机车，投入到唐胥铁路运营。

　　而从皮特·柯睿思所著《关内外铁路》中关于进口两台机车"于 1882 年 10 月运达中国，分别分配至 2 号和 3 号路段运行"的记载，

⊕ 1883 年拍摄的载有煤车和客车的列车停靠在中途站，而牵引机车是 1882 年 10 月进口的罗伯特·斯蒂芬森水柜机车。

可以知道中途站的重要作用：在一条单线铁路上，两台机车分段运行可以使运输效率提高近一倍。中途站的设立应该是在规划唐胥铁路时就事先想好的，而使用机车分段牵引，以求运输效率也是事先规划好的。到 1883 年，开平矿务局已拥有 50 节运煤车，车皮载重 12 吨至 50 吨不等。除运煤外，铁路还经营客运，客运收入足以满足铁路运营的费用。

　　1886 年，李鸿章正式向朝廷报告唐胥铁路成功运营的情况，并建议向东西两个方向分别展延到山海关和天津。这个报告得到了朝廷的批准。有历史学者认为："开平（矿务局）不但克服了对于采矿的反对，它还赢得了在中国创建铁路的斗争。"

"马拉火车"未足奇

据说，在唐胥铁路建成初期，有过一段短暂的"马拉火车"历史，大意是清政府不让用火车头牵引煤车，只能由骡马拖拽。但"马拉火车"这个故事目前只停留在了传说层面，没有确凿的图文资料证明确有其事。

开滦文史专家考证，唐胥铁路实际上并没有使用马拉火车。

常人看来，"马拉火车"这个事有点像"西装套马褂"，不伦不类。其实，马拉火车，特别是在煤矿使用马拉煤车，在蒸汽机车被广泛使用之前，不管是在土路、马路还是轨道上，都是普遍现象。从马路之"马"和马力之"马"，足见马之于路的正宗位置。

其实，尽管1825年世界第一条铁路建成通车之时就开行了"运动号"机车，但由于当时人们的观念落后，对蒸汽机车这类新生事物持怀疑态度，所以相当长的一段时间都是用马拉货车，蒸汽机车被弃之不用。

在历史长河中，牛车和马车是古代最主要的陆路交通工具。牛比马能负重，而马比牛跑得快，在人们对速度的迷恋和青睐中，马车逐渐占了上风。大约在公元前 4000 年，中亚游牧部落出现了最早的四轮马车。欧洲马车的繁盛最早始于古希腊，当时战车是两轮，运输车辆是四轮。据记载，当时"歇马不歇车"连续奔跑的马车最高"日速"可达 230 公里。商周时期，我国就出现了最早的马车——双轮马车。以后数千年，无论是驰骋疆场、周游列国，还是后来的生产生活，马车都是中国人熟悉而亲切的工具。

16 世纪中叶，欧洲的采矿业逐渐兴起，随着产量的增加，土质路面已经难以满足大量运输的需要。于是，德国人率先在哈兹煤矿铺设石质路面，使得马拉矿车摆脱了泥泞的土路。到了 1660 年，英国纽卡斯尔附近的煤矿出现了木质轨道的马拉矿车。后来，矿主为了解决木质轨道容易磨损的问题，将一层铁皮钉在木轨上，这便是世界上最早的"铁轨"。再后来，人们拿生铁来做轨道，于是开始有了"铁路"的叫法。1869 年，在北海道茅沼煤矿，日本人首次使用铁轨（木质铁皮轨），也是马拉矿车。

把视野放开，在有了轨道而没有蒸汽机车的百余年时间里，很多煤矿都采用马拉煤车的方式运输。这样，就不难理解关于修建唐胥铁路的奏报中"马车路"的合理性了。

1881 年 5 月 20 日，李鸿章上奏《直境开办矿务折》，第一次正式向皇帝上奏开办开平煤矿事宜，并获得了批准。奏折中所说"接筑马路十五里"是指马车铁路,唐胥铁路从开始就计划修筑一条马车铁路,这便是唐胥铁路"马拉火车"传说的由来。而后来的事实是,1881年6月9日唐胥铁路铺轨时,"龙号"机车已经开始运送材料,以后运煤也是机车牵引,并没有出现马拉火车的情形。

在地面上的"马拉火车"绝迹之后,大地深处的"马拉火车"仍在上演。就在唐山矿1号井下的采煤巷道中,铺设了10多公里的小铁道,仍然是马拉煤车运煤。有资料记载:

井内有马车若干辆,骡马七八十匹,或运土石,或运煤炭,昼夜换班,无时或息。

从1881年11月8日,唐胥铁路举行通车庆典,到1882年2月正式运煤,期间还发生了因大臣参奏开矿触动龙脉而导致一度停驶火车的事情。这时的清王朝危机进一步加深,中法战争一触即发,开平煤矿承担着大清北洋舰队燃料补给的重要任务,提高唐胥铁路的运输能力已是迫在眉睫。于是,反对派和保守派不得不默认火车头的行驶。于是,开平矿务局又从英国购置两台蒸汽机车,唐胥铁路改用蒸汽机车牵引,并开办客运业务。而一些保守派官员在受邀乘坐火车实地考察之后,对火车头的非议之声也日渐衰微了。

"0 号"机车也成谜

北京中国铁道博物馆东郊馆机车展厅中现存最古老的"0 号"机车，是"龙号"机车的小伙伴。这台机车约 3 米高，2.5 米宽，5 米长，结构为 0-2-0 型（只有 2 对动轮，没有导轮和从轮），因驾驶室两侧各镶着数字"0"，故被称作"0 号"机车。它见证了唐胥铁路和"龙号"机车的很多事情。

1882 年 10 月，开平矿务局为加大运输力度，经清政府批准，从英国罗伯特·斯蒂芬森公司购进两台 0-3-0 C 型水柜机车，厂家编号为 2397 和 2398。后来进口机车日渐增多，开平局为便于管理，按时间顺序为机车编号，"龙号"机车被编为 1 号。最早进口的这两台机车被编为 2 号和 3 号。在相当长的一段时间里，人们认为这两台机车中的一台被保存至今，就是中国铁道博物馆东郊馆机车展厅中的"0 号"机车。

1961 年，这台机车曾在唐山机车车辆工厂材料场的存车线上

⤴ 陈列在中国铁道博物馆东郊馆的"0号"机车。

存放。1979 年 6 月，经铁道部部长郭维城批准，唐山机车车辆厂于
1980 年将"0 号"机车送交铁道部科学技术馆，收藏至今。

开平矿务局当年从英国购进"0 号"机车，主要用于运输煤炭，
每次运输煤炭百余吨，时速可达 10 公里。后因运量增长和大型机
车的添置，"0 号"机车很快被淘汰了。这台机车在经历了百年风
雨之后被保存了下来，成为世界上稀有的"百岁机车"之一，也是
我国现存最古老的蒸汽机车。1982 年以后，"0 号"机车两次东渡
重洋，运抵日本，参加了"中国铁道展"。1988 年 9 月，在山西省
大同市举办了第一届"国际蒸汽机车节"，在这次活动中，"0 号"
机车再次亮相，使中外蒸汽机车爱好者、铁路专家和参观者大开了
眼界。

然而，对这台"0 号"机车，后来有人提出了不同观点。

2009 年 3 月 23 日，《唐山劳动日报》刊登了唐山机车车辆工
厂原副总工程师闫存盛的文章《"0 号"机车小考》，在文章中他对"0
号"机车的身世表达了自己的观点。他认为 1882 年 10 月购进的那
两台机车，并不是"0 号"机车，而是与"0 号"机车结构型号完
全不同的另外两台机车。

他的理由是，金达曾在《中国北方铁路和煤矿》一文中记述：

唐胥铁路通车后，开平煤矿于 1882 年 10 月从英国斯蒂芬森机
车厂购入了两台水柜式机车，该车装有 6 个 42 英寸的车轮。

这里说的"6个42英寸的车轮"是指当年进口的那两台机车是3根车轴、6个车轮。车轮直径为42英寸,可见它没有导轮和从轮,只有3根动轮轴,轴列式肯定为0-3-0,而不是0-2-0。

那么,"0号"机车到底出身于何年何地呢?一位英国友人克拉什先生解答了这个问题。他说"0号"机车很可能出自1887年英格兰的盖茨赫德的布莱克·霍桑公司。不过他又说,这台机车更可能是一个重8吨的机车主体。他的看法是"0号"机车自重10吨,其中有约8吨重的主干件(车架、锅炉、水柜、运动部件)是出口到中国的,其余约有2吨重的辅助系统配件,是在中国唐山自行配制的。

中车唐山机车车辆有限公司档案馆里有一份20世纪六七十年代采访退休老职工的记录,其中有几位80多岁的老人曾这样回忆:

大约1887年唐山北厂就有了机器房、铆工房、打铁房、镐车楼,有500多工人,"0号"机车大部分配件都是从英国买来的,但有些钣金工的零星配件等是我们自己制配的。

老职工的回忆和克拉什的说法基本上是一致的。

曾任唐山电务段工程师的李国明先生,多年致力于唐山铁路史的研究,他更清晰地梳理出关于"0号"机车"身世"的四种说法:

其一,1881年胥各庄修车厂制造说。《唐山机车车辆工厂简史》(载自1982年第1期《河北铁道》)记载:"1881年6月修车厂制造出我国第一台机车名叫'中国火箭号'……同年又制造了第二台机车，命名为'0号'（高约3米，宽约2.5米，长约5米，重约10吨），牵引动力百余吨，时速约10公里。"

其二，1882年从英国购入说。《我国现存最古老的蒸汽机车》（载自1991年版《津铁分局之最》）记载："1882年，唐胥铁路从英国购入两台机车，用于运送煤炭，其中一台机车经历了百年的风风雨雨，竟在唐山机车车辆工厂内保存下来。"

其三，1887年英国布莱克·霍桑公司生产说。《0号：中国现存最古老的蒸汽机车》（载自2005年版《汽笛声声闹九州》《清末民初铁路史话》，严介生著）记载："英国人克里斯·维斯特2003年9月给笔者来信称'0号'是布莱克·霍桑公司制造的，该公司位于英格兰北部的盖茨赫德，成立于1887年，至1902年停产，仔细观察'0号'机车的轮心，在两个轮子上都印有数字869的印记，869是布莱克·霍桑公司生产的一种机型。他作了进一步查证，这台机车订购于1887年9月14日，同月交货。但运到天津已是1888年6月了。买方是伦敦的商业代理商惠特尔先生，中方买主是唐景星（唐廷枢）。克里斯·维斯特先生在文中还摘引了刊登于1888年6月16日《中华时报》上一段关于这台机车运达中国天津时的报道。"

其四，1887年以后开滦北厂组装说。《"0号"机车小考》（载自2009年3月23日《唐山劳动日报》）记载："南厂档案馆存有一份六七十年代搜集整理的《退休老职工家访记录》，其中有几位80多岁的老人曾这样回忆：'南厂的前身是开滦北厂（相对南厂而言），0号机车是在北厂组装起来的，组装的地点在北厂镝车楼，它的零部件都是从国外买来的，镝车楼大约是1887年建成的。'推测起来'0号'机车很有可能是1887年以后才在唐山组装问世的。"

开滦文史学者杨磊先生也表示，"0号"机车是1887年之后才定型生产的机车。过去，开滦曾误认为"0号"机车是1882年10月进口的双水柜机车，直到看到皮特·柯睿思先生提供的1882年进口的2号、3号机车的照片和资料，才纠正了对"0号"机车的错误判断。

无论怎样说，这台跨越了三个世纪的"0号"机车弥足珍贵。尽管关于它的历史资料极少，以致其诞生年代和地点众说纷纭，尚待专家学者进一步探究与考证，但它作为目前中国现存最早的机车是毋庸置疑的。

2012年，"0号"机车被定为国家一级文物。

孙中山两次来唐山

孙中山先生是中国民主革命的伟大先驱，他将毕生精力投入革命事业中，同时，还对发展实业、促进经济建设作出了很大贡献，尤其是在铁路建设方面，更是孜孜以求，其情也殷。孙中山从青年时萌发"铁路救国"思想，到任职"全国铁路督办"的初步尝试，再到《建国方略》中对铁路建设提出的一系列构想，对中国铁路事业产生了积极影响。

孙中山先生曾两次经唐胥铁路来到唐山，在这里留下了足迹。

孙中山在青年时期，就有了"铁路救国"的思想。19世纪末，帝国主义列强为了掠夺中国的资源和进行经济控制、军事侵略的需要，竭力争夺修建中国铁路的路权。年轻的孙中山担忧国家民族的危亡，1891年在其撰写的《农功》一文中提出：

或云年来英商集巨款，招人开垦于般岛，欲图厚利；俄国移民

⑰ 盛宣怀

开垦西北，其志不小。我国与彼属毗连之地，亦亟宜造铁路，守以重兵，仿古人屯田之法。

这是他最早提出的关于用铁路保家卫国的认识和看法。

1894年1月至2月间，正在澳门、广州行医的孙中山，悄悄回到翠亨村的家中，闭门十多天，埋头写下八千多字的《上李鸿章书》。孙中山还拿到了给盛宣怀的"引荐信"，希望能由盛宣怀引荐，达到谒见李鸿章的目的。

盛宣怀早期曾与唐廷枢一起创办轮船招商局，先后主持创办电报局、湖北矿务局、大冶炼铁厂。筹建轮船招商局伊始，正是他向李鸿章举荐了唐廷枢，而后来唐廷枢又开出了煤矿，修成了铁路。而他也是努力斡旋想帮孙中山见到李鸿章的人。孙中山在《上李鸿章书》这封长信中，重点谈到了铁路：

……凡为铁路之邦，则全国四通八达，流行无滞；无铁路之国，动辄掣肘，比之瘫痪不仁。地球各邦今已视铁路为命脉矣。

此时的孙中山，对铁路的认识高度已经超越很多朝廷官员，他已经开始从改善贸易、振兴经济的角度，来看交通建设在国家经济发展中的重要地位，并萌发了通过修建铁路，促使商业繁盛、国家富强的思想。孙中山认为，追求船坚炮利只是舍本逐末，更应该要考虑如何从根本上使国家富强，并提出了四大方针：

人能尽其才，地能尽其利，物能尽其用，货能畅其流。

为了论述此四大方针，孙中山洋洋洒洒写了数千字，阐述了自己的见解与建议。虽然李鸿章没有与孙中山见面，但他对于孙中山上书中提到的出国考察农政等建议是认可和支持的。后来他还特意颁发给孙中山一张出国考察农务的护照。

上书改良的愿望没有实现，孙中山和陪他而来的陆皓东非常失望和惆怅苦闷，不仅是他那凝聚了无数心血的上书长信成了一叠废纸，满怀的激情不啻被泼了一盆冷水，而且通过上书之行，他近距离看到了清朝统治阶级的腐朽、官场的腐败和百姓的民不聊生，进而萌生了彻底革命的思想。

就在苦等音讯、求见无望的时候，1894 年 7 月，孙中山偕陆皓东乘火车从天津来到唐山。这是孙中山第一次来到唐山。既然来到了北方，去唐山看看老乡就成了顺理成章的事情了。虽然孙中山来到唐山时，他的广东同乡唐廷枢已经去世，但以孙锦芳为首的乡党热情接待了孙中山和陆皓东。

1878年开平煤矿创办后需要大量的技术工人，所以，唐廷枢就从广东香山老家招来许多懂技术的工匠到北方唐山来工作，最多时唐山曾经有过3000多广东人。这些人大部分在开平煤矿从事工匠工作，也有部分在铁路工厂和开平机修厂从事技术工作，还有一部分在唐山从事商业，开办了许多"广字号"的商铺。这些远道而来的广东人成了唐山最早的开拓者。由于在唐山的广东香山同乡很多，1882年，唐廷枢创办了广东会馆，专门为在唐山的广东人服务。当时的广东会馆坐落在广东街，就在今天的唐山矿北门对面。

孙中山先到广东会馆探望同乡，随后参观开平煤矿和铁路工厂，了解他们的工作情况。此次唐山之行，使孙中山对渤海"直隶湾"地域环境和唐山丰厚的海洋、矿产资源留下了深刻印象。11月，孙中山创立资产阶级革命团体"兴中会"，擂响"推翻帝制"的战鼓。这一年，28岁的孙中山上书未成，却看清了一个没落王朝的本质，他开始重新打量这个已形如"漏船破屋"的大清国了。

18年后，孙中山再一次乘火车经唐胥铁路来到唐山。

1912年8月，辞去临时大总统职务的孙中山离沪北上，筹划全国铁路交通建设，全权谋划铁路未来发展。1912年9月24日早晨，孙中山坐火车前往唐山、开平、滦州、榆关等处视察各矿，在黄兴、宋教仁、胡汉民、黄崇会等人陪同下，乘坐火车再次到唐山，考察了路、矿，以及启新洋灰公司后，又到唐山路矿学堂向师生发表了满怀激情的演说，在演说中他指出："国民革命需要两路大军，一路进行武装斗争，建立平等自由的中国；一路学习世界科学技术，改变祖国贫困落后的面貌。在座诸君不必都投身于锋镝之间，学习采矿、筑路、建桥，也是为了革命。""要中国富强起来，就需要修铁路十万英里，公路一百万英里。希望大家努力向学，承担其历史重任。"

孙中山先生两次来到唐山，都是从唐胥铁路上来去。透过车窗，望着茫茫的冀东大地，他的内心一定是心潮起伏、波澜壮阔的。由此，他也掌握了唐山的沿海地域环境和矿产资源状况，这对于他构想建设北方大港有着密切联系。

而在辛亥革命前夕，唐山南厂工人、老同盟会会员孙伟芳，曾在铁路工人中为孙中山秘密筹措革命经费。1912 年，孙伟芳发起组织唐山工党，有 700 多名工人参加，中国共产党早期党员、工运领袖邓培曾为该组织成员。

孙中山辞去临时大总统后，致力于发展实业以促进经济建设。他指出"交通为实业之母，铁道又为交通之母"，强调"今日之世界，非铁道无以立国"。孙中山对铁路重要性的认识不断完善，将铁路建设作为其发展"民生主义"的重要组成部分。在此期间，孙中山以极大的热情对铁路建设进行了初步规划，提出"10 年内修筑 20 万里铁路"的设想，拟定了三大铁路干线：南路起点于南海，由广东经广西、贵州，走云南，循四川间道入西藏，绕至天山之南；中路起于扬子江口，由江苏经安徽、河南、陕西、甘肃，越新疆而迄伊犁；北路起点于秦皇岛，绕辽东折入蒙古，终达乌梁海。

这份初期铁路规划，既考虑到经济发展需要，又考虑到国防和对外贸易，以及文化交流的需要。

1912 年 9 月，孙中山出任全国铁路督办，组建中国铁路总公司，全权筹办全国铁路。他任职期间，一方面邀请詹天佑等人做助手，协助办理具体事务；另一方面，不辞辛劳，实地考察国内外铁路建设情况。孙中山的足迹遍及华北的京奉、津浦和华东的沪宁、沪杭、南浔等铁路；他亲赴美国、日本等资本主义国家考察铁路，并积极宣讲中国铁路建设的相关政策，希望能够通过国内有利条件吸引外资筹措筑路经费。

孙中山与唐山不仅是铁路之缘。当年他在地图上标出的"Sha-lui-tien banks"沙垒甸岛（今曹妃甸），前面是渤海湾最深沟槽。曹妃甸具有"前面有深槽，背后有浅滩"的天然优势。今天的唐（山）曹（妃甸）铁路，起点从京哈线的七道桥站接轨，站名正是从当年唐胥铁路西面煤河之上的"第七道桥"而来。历史与现实总会出现一些耐人寻味的联系。

"河头花园"与胡佛

　　河头花园，是百余年前唐胥铁路一端胥各庄河头（煤河的东头）的一栋花园别墅。据说，河头花园别墅就在如今胥各庄火车站南面的位置，建筑为西洋风格，四面环水，仅有一座吊桥与外界相通。如今，这座已经消失在历史烟云中的老房子已经鲜为人知了，但它却与唐胥铁路有着密切联系。

　　据记载，这座小洋楼始建于1880年左右，清末民初的数十年中，它像一个站在高处的绅士，见证了唐胥铁路早期的热闹场景。从20世纪20年代后，这座建筑逐渐荒废毁塌，消失在人们的视线中。毫无疑问，河头花园是随着开滦矿井的开凿、煤河的挖掘、唐胥铁路的铺设应运而生的。可能是为了迎接朝廷官员视察下榻，清廷斥资在河头建造了这座古典园林风格的花园洋房。

　　河头花园的外形鸟瞰状如小岛，其上建筑系西方格调。房屋基础均为一米长的料石，经石匠精心刻制打磨再砌，做工精细。房顶

⤒ 青年胡佛

是波浪式红瓦覆盖，屋与屋之间的路有穿堂相通，宽敞方便。小岛外，沿水渠遍植榆柳桑槐，枝叶茂盛浓荫匝地。小岛上，悉植莳花异草，疏密相间。每当春夏，蔷薇、樱花、刺玫、金银藤等争芳吐艳，鸟语花香，蜂蝶纷飞，流水潺潺，鱼游蛙泳……这个琼瑶仙岛般的"高级宾馆"，先后有英、美、比、意、日各国人士你来我往，在此寓居度假。

　　据说，河头花园是 1888 年秋天为迎接李鸿章视察唐津铁路而建。但李鸿章一行视察时，列车只在胥各庄站停车半小时，并没有在此下榻。有文史专家说，金达在此居住时间较长，但也没有看到具体的记载。还有一个比较普遍的坊间传闻，河头花园住过后来成为美国第 31 届总统的赫伯特·胡佛赫伯特·胡佛。

　　1897 年，青年胡佛被英国毕威克－墨林公司招聘。他凭借自身的精明与认真赢得英国矿业巨头墨林的赏识，先后被派往澳大利亚和南非的一些矿区工作。

1899 年 2 月，24 岁的胡佛以大清国所聘直隶、热河两省矿业技师的身份携新婚妻子来华。他和妻子在中国工作生活多年，其中大部分时间居住在天津的利顺德饭店，因工作需要来唐山和胥各庄，下榻唐胥铁路旁边的河头花园并不是没有可能。

胡佛来到中国初期，穿梭跋涉于华北各地，广泛收集有关开平矿藏的资料，仅用半年时间就向墨林呈报了矿藏开采前景、垄断技术和投资控股的方案报告。胡佛来到的时候，开平煤矿创办者唐廷枢已去世，但煤矿却一直在发展壮大，除供给北洋舰队用煤外，轮船招商局、天津机器局所需燃料亦仰赖开平煤矿。一时间海内外富商大贾将开平煤矿视为渔利金钵，洋务实权派将其视为纵横政坛、拥兵自重、左右朝局之利器，早已觊觎开平矿产资源这块肥肉的英国人更是垂涎欲滴。

1892 年 9 月，醇亲王奕譞的随扈张翼得到李鸿章重用，被任命为开平矿务局会办。同年 10 月，开平矿务局总办唐廷枢辞世后，张翼接任开平矿务局总办和唐津铁路会办、总办。1898 年张翼又被任命为督办直隶全省及热河矿务大臣。开平矿务局在张翼的主持经营下规模不断扩大。1898 年张翼以开平矿务局资产作抵押，向墨林公司借款 20 万英镑（约合白银 145 万两），建设秦皇岛港口。此次抵押借款为庚子之乱中英国和比利时资本家骗占开平煤矿提供了可乘之机。

　　1900 年，义和团运动爆发，觊觎已久的西方列强乘机以"护佑在华侨民，保护使馆"为借口出兵中国。随后，八国联军侵占北京、天津、开平、秦皇岛，并在天津租界区以"饲鸽传信与拳匪相通"的罪名，逮捕了开平矿务继任总办张翼。这时，颇受李鸿章信任的天津海关税务司德璀琳（德国人）以保释老朋友张翼、保护开平煤矿为借口出面斡旋，诱骗说如欲保护开平煤矿不受损失，应将矿产置于大英帝国的米字旗下来中英合办，并以要挟利诱的手段，逼迫张翼出具手札委托德璀琳全权管理矿山，且赋予德璀琳"便宜行事之权，听凭用其所筹最善之法以保全矿山股东利益"。德璀琳在骗取了张翼一纸委札后，随即找到身为毕威克 – 墨林公司雇员的胡佛，商定将开平矿务局全部矿产移交英国注册公司。

　　1900 年 7 月 30 日，德璀琳代表中方开平矿务局，美国人赫伯特·胡佛代表英国毕威克 – 墨林公司秘密在天津塘沽签字换约。就这样，中国清末洋务运动中崛起的头号国有企业开平矿务局，在中国政府全然不知的情况下被悄然骗卖。后来，清政府为收回开平矿权，颇费了一番周折。

　　1901 年 7 月 11 日，张翼随醇亲王奕譞出使德国，1902 年被任命为路矿总局总办，掌管大清铁路、矿山事宜，权力达到顶峰。然而后来随着英国人骗占矿产之事败露，1903 年张翼被革职。

第六章

文物身边的文物

唐胥铁路堪称一条铁路文博长廊，这条长廊连缀着一长串早期铁路文物。老建筑、老桥涵、老道口、老钢轨、老路碑……一石一铁，一草一木，一砖一瓦，都是承载着铁路故事的文物。如果说唐胥铁路是一条"钢轨的根茎"，那么，顺着这条主根，抖落岁月的尘土，我们会看到很多"另外的果实"。

双桥里，以及那些远去的地名

双桥里，是唐山市路南区一条古老的小街巷，因从西、东两座铁路桥下穿过而得名。西桥建于1881年，东桥建于1882年，是中国公（路）铁（路）立交桥的第一和第二。对文物遗迹来说，第一已属不易，第一和第二挨在一起，足可称之为奇观了。而且，这两座桥上面的铁道都是唐胥铁路，桥本身是珍贵文物，上面的铁道则是更大的文物，这两座桥就像比邻而居的兄弟，一个状元，一个榜眼。把这些放在一起考量，双桥里可以说是文物中的奇迹了。

在20世纪八九十年代，西桥洞西边是一个小市场，充满了市井气息，傍晚灯火闪烁。在这个百十米的丁字路口，海鲜水产、牛羊肉、烧鸡、猪头肉，以及蔬菜、肉饼火烧、馒头、饺子、小百货样样都有。买卖人的吆喝与突然扯开嗓子的汽笛，鱼鳞上闪烁的金属光泽与桥栏杆的角铁、乌亮的轨顶，都达成了心领神会的默契。

今天，虽然这两座中国最早的公铁立交桥都显得特别低调，但这并不影响人们的想象：一百多年前，就是在这个小地方，两种道路互不影响地达成了默契与和解，甚至使许多狭路相逢互不相让非此即彼的狭隘观念豁然开朗。它可能于不经意间就让很多人明白，交叉的道路不一定在一个平面上，而是可以在穿越与跨越中相互成全。

假如百年之前就在这里架上一台岁月的摄像机，一定能够为这块地界留下一段真实的历史——它跟史书上说的肯定存在不小的出入。穿过两个桥洞，来来往往的人影子都有几十米长，甚至连缀起两个桥洞。那巨刀一般黢黑而尖锐的影子，若是掀开柏油路面，不敢想象多少渗进去的影子们会摩肩接踵地纷纷起身：有长袍马褂大辫子的影子，有西装领带礼帽文明棍的影子，有彻夜狂欢锣鼓喧天的影子，有唐山大地震中大地痉挛、残垣断壁、尸横瓦砾的影子……如一部震撼人心的黑白电影。

由西往东穿过两座桥，头上的铁路也自然分了两条：西边这条是唐胥铁路的开端，一头是一号矿井，另一头是胥各庄河头；东边这条是钢轨分岔，奔向东边的唐山站，也是后来唐胥铁路向东延伸的正线。从这个桥洞径直穿过铁路向南，就是昔日老唐山最繁华的地界——小山。

从老南厂到双桥里，走过来，顺着唐胥铁路的轨迹，半小时即可穿过百年。

这是感性的双桥里。

铁路文史学者对双桥里有更为清晰与理性的描述。

双桥里原先有座古老的铁路石拱桥，自建成之后曾多次易名，可惜这座石拱桥在30多年前就在人们的视野中消失了。那形状如虹似月的桥孔，那刻有"1881"字样的桥顶，也成为许多唐山人的回忆。如今，在开滦国家矿山公园内，随着一面再现古桥桥孔的"古桥之墙"的筑起，将那座被历史掩埋的石拱桥以崭新的面貌呈现在了世人面前。

1992年出版的《唐山城市建设志》中记载："此桥建于光绪七年（1881年）……为单孔石拱桥，长14.8米，宽10.25米，高3.3米。"桥梁界有句名言：桥孔是拱桥之魂。20世纪60年代末，曾有人测量过这座石拱桥的桥孔，宽约5.33米、高约2.67米，宽与高恰好是二比一，这也许就是这座桥隽美的灵魂之所在吧。

当年，开平煤矿修建唐胥铁路时，在矿区南侧地势低洼处顺势筑起了这座石拱桥，桥面铺设钢轨，桥孔辟为连接王谢庄与宋谢庄的乡间公路。别看这座桥小，却被誉为"唐山第一铁路桥"。在百余年的岁月里，桥上的运煤列车始终未断，桥下的车马行人也终日络绎不绝。1976年唐山大地震中，这座桥竟奇迹般地安然无恙，着实令人惊叹。只是到了1978年，由于桥下的交通日趋拥堵，才在距该桥南侧约5米处另建起一座宽大的钢筋混凝土双孔厢式桥。从此，石拱桥便被掩埋在铁道路基之内，成为承载着唐山百年发展历史的一处"地下文物"。

　　关于这座石拱桥的桥名,《丰润县志》(1921 年版)有如下记述:"铁道桥,名庆成,在(唐山)煤井南。""庆成"一名,出自直隶总督李鸿章的亲笔。开平煤矿早年开挖芦台至唐山的运河时,曾计划在河上架设十座桥梁,并请总督赐名。于是,李鸿章从西向东依次题写了利涉、通津、济众、拱辰、咏唐、履泰、望丰、汇通、阜民、庆成十个桥名。后来,唐胥之间改修铁路,"庆成桥"就成为这座石拱桥的名称了。可是,随着时代的变迁,这座桥的桥名多有变更,如民国时期的"1881 桥""开滦钻桥",新中国成立后的"唐山矿专用线桥""双桥里开滦专线桥""双桥里西桥",等等。而原来的"庆成桥"之名,早已被人们淡忘了。

　　更值得一提的是,开滦国家矿山公园里新建了一个"中国铁路起点"微型景园。该景园不仅选址于双桥里石拱桥原地,还筑起一面再现原桥桥孔的"古桥之墙"。由于策划者事先挖出了旧桥并对照实物筑墙,因此,模拟的桥孔尺寸及砖石排列,都与原桥一模一样,可谓造型逼真、风貌如初。无疑,这里将成为人们寻觅唐胥铁路遗迹、追思双桥里石拱桥旧貌的一处迷人景观。

　　上面说的是西桥,而东桥同样不简单。

　　最早的双桥里东桥建于1882 年。这一年,开平矿务局为了增开铁路的客运业务,在距唐胥铁路起点约0.5 公里处接出一条岔线,向北延伸约 1 公里至矿区东侧,建起唐山火车站。从此,唐胥铁路的始端有了两条支线,一条为货运支线,另一条为客运支线。

双桥里东桥位于客运支线上。该桥比较简易，但因缺少文字记载，它的样式、结构和尺寸，如今已无从知晓了。

1886 年，唐胥铁路脱离开平矿务局，开始单独经营。1887年，铁路延长到芦台。为适应运量的骤增，双桥里东桥于1889 年重新建成一座双孔钢梁桥，桥孔仅长5 米。桥台及桥墩均采用优等料石砌成，至今完好如初。

到1915 年，唐山站（现南站址）已有开滦、老站货场、启新水泥厂、大城山西沟石场等10 多条专用线，这些专用线上的货车经过车站时，经常干扰正常运行的客货列车。于是，铁路部门决定将双桥里东桥的桥孔向东延长5 米，增设一条新的铁道线，称作"正线"，专门行驶干线铁路上的客货列车，而把原来的铁道线改为"侧线"，只行驶来往的专用线货车。同时，桥孔还向西延长了6 米，将原来与双桥里平交的小马路也改为立交。

至1921 年，唐山至山海关间铁路开始扩建双线，双桥里东桥的桥孔再次向东延长5.1 米。原有的正线开始专做下行（背向北京方向行驶）线，新设的线路作为上行（朝向北京方向行驶）线，从而提高了运输效率。

新中国成立后，小马路拓宽，桥孔又向西延长了5.5 米。后来，双桥里东桥还经历过几次整修和大修，如增设护栏、将钢梁更换成钢筋混凝土梁等。

现今的双桥里东桥桥孔长25.4 米，宽6.45 米，高2.6 米。桥孔之上从东向西依次为铁路的上行线、下行线、侧线和小马路。时至今日，在桥孔内的桥台墙壁上，还能分辨出不同年代所筑的料石，竖直的界线十分清晰。

确定一座桥梁的建设年代，通常以原始未曾变动的桥台、桥墩为准。如此看来，双桥里东西双桥至今已有140多岁的高龄了。如今，若有人寻觅唐胥铁路地面上最早的建筑物，非它莫属。

再有，别看双桥里东桥不大，而且非常简陋和陈旧，但它却堪称我国仍在使用的年代最久的公铁立交桥，历史文化价值实在不可小觑。

然而，在双桥里东西两侧，不少随着唐胥铁路衍生出的与铁路有关的地名，如老站、老站道口、老车站街、老车站胡同、铁栅栏胡同、南道口、北道口、北天桥、水沟桥、铁路一面街等，却在慢慢消失。

老站，即老火车站，位于现在的金匙立交桥处，是唐山的首座火车站。1896年新火车站（今唐山南站前身）建成后，这里开始有了"老站"一名。此后，老站仍保留着原有的铁路货场，专供粮食街（今建国路）附近的隆义栈、瑞信栈等众多商家装卸商品货物。20世纪40年代，每逢端午节前后，铁路部门开行的往返于交大道口至雹神庙之间的大城山庙会小火车会在老站停靠，接送来往香客。大约在1957年之后，此处改建为铁路职工的住宅。如今，这里不仅已经看不到老车站的痕迹，甚至连"老站"一名，也很少有人

⊕ 被埋入路基内的原西桥石拱桥孔。

⊕ 双桥里东桥的桥洞，闪着幽光的石板仿佛有了岁月的包浆。

提及了。

老站道口，原是唐胥铁路最早的道口，堪称是中国最早的标准铁路道口。1896年车站迁址后，道口成为连接粮食街和小山闹市区的一条通道，专供行人、自行车、人力车通行。1948年，道口安装了框式栅门，唐山人称做道门。1994年金匙立交桥落成后，该道口被拆除。"老站道口"一名也就消失了。

老车站街，位于老站的西北方，南北走向，北起东局子，南至铁道边，全长约200米。旧时，这条街上的养正轩饭庄、永顺塘浴池较为有名，常年迎八方宾客。1976年唐山大地震以后，这里成了建国路商业区的一部分。

老车站胡同，位于老站的东南方，也为南北走向，北起铁路旁，南到瓦房街，长约60米。1976年唐山大地震后，湮没在了小山楼的区域之内。

铁栅栏胡同，南通胜利路西口，北接小山大街，全长约100米。该胡同与众不同，一侧为房舍建筑，另一侧为一根根铁管制成的铁路栅栏，故而得名。1976年唐山大地震后，此处盖起一片房屋，胡同的踪迹就不见了。

北天桥，也称建国路天桥、小山天桥，坐落在北道门旁。它建成于1948年，为钢梁结构，跨越3股铁道，高6.1米，引桥长69.7米，是老唐山市区的一处十分抢眼和有名的建筑。1995年友谊桥（地道）建成启用，次年9月，高高的北天桥被拆除了。但穿过地道和走在天桥上的感觉是不一样的，仿佛有一种不经意又很重要的生活体验消失了。

水沟桥，位于北道门南侧约30米处，是一座建在开滦排水沟上的铁路桥，桥长4.2米，建成于1887年。水沟桥虽不大，却是唐胥铁路上最早的地名之一，只是后来这里被"北道门、东司房、小山天桥"等地名所取代了。

铁路一面街，位于双桥里东桥东口至永红桥，全长约150米，因街道的一侧为民房，另一侧是铁路，故而得名。此处现已成为南厂路的北段，市井气息已然不见了。

在任何一个城市发展历程的新陈代谢中，一些带着城市胎记的老街道、旧风景，湮灭与消逝都是难以挽留的。作为北方工业重镇的唐山，这些由唐胥铁路这根历史脉络滋生出的工业文明城市原始档案，其文物价值乃至文化价值，会随着时间的推移而愈显珍贵。或者，正因为某个地名符号，为后人保留下一根想象的根须，抽象而美好的城市记忆才会在人们的心中代代生长。

老南厂地震遗址

在原唐山站（今唐山南站）西端南侧，俗称"南厂"的地界，是当年由胥各庄铁路修车厂发展而来的原唐山机车车辆厂，它的铸钢车间后来在1976年唐山大地震之后被保护成为一处地震遗址。

1976年7月28日凌晨3时42分53.8秒，东经118.1度、北纬39.6度，在距地面16公里深处，河北省唐山市丰南区一带突然发生里氏7.8级强烈地震。地震持续23秒后，唐山被夷为废墟。

震后仅4个多小时，开滦唐山矿工会副主席李玉林就和3名工友开着红色矿山救护车，拉响警报器，火速奔向北京中南海，向党中央汇报灾情，并提出迅速派军队奔赴唐山抗震救灾的宝贵建议。

地震发生当时，在震区共有列车28列，由于路基线路的突然变形和巨大的震动，7列列车同时脱轨，其中有2列客车、5列货车。特别是在大地震发生前10分钟刚刚驶离唐山的齐齐哈尔至北京的40次特快旅客列车，在唐坊至胥各庄间上行线248公里550米

⊕ 震后的唐山机车车辆厂铸钢车间。

处，内燃机车起火，1节行李车厢颠覆，7节旅客车厢脱轨。40次特快列车的838名旅客和47名列车乘务员，立即在列车长张林的指挥下开展自救和救援。列车成立了临时党支部，党支部书记张林宣布："人民铁路要对旅客绝对负责，在这个非常时刻，旅客谁也不许擅自离开。""我们要把你们一个不落地送回家……"他一边派人出去找粮、联络，一边组织了五六十人的抢救队，到附近去抢救尚未脱险的灾民……

唐山机车车辆厂地震遗址占地面积36400平方米，是至今为止国内遗址保护较全的文物之一，属于大型厂房车间遭受地震破坏典型范例，是体现地震破坏力最直接的证据。该遗址三跨厂房损毁情况极有特点，在全国独一无二。

这处地震遗址的意义还在于它的隐喻性。唐山作为近代新兴的工业城市，是中国北方工业的摇篮，而俗称南厂的唐山机车车辆厂的前身是中国第一个铁路工厂——胥各庄铁路修车厂，这里的工人师傅制造出了中国第一台机车——"龙号"机车。这个钢铁巨兽怀揣着东边开滦矿井里挖出的优质煤炭燃起的火苗，点燃了中国北方工业文明的火炬。

老道口，老天桥，老雨棚，老水塔

铁路与公路、土路交叉，自然会出现道口。车站上下车，大量人员频繁跨越股道，过道口，既影响行车，也不安全，于是就出现了天桥。在站台上等车，为了让旅客躲避雨雪，也为了货物不被淋湿，于是出现了雨棚。所以说，唐胥铁路上的老道口、老天桥、老雨棚，都是这条老铁路的配套设施，它们和这条铁路一样，也都享有中国"最早"和"早期"的头衔。所以，在今天的唐山南站（原唐山站）这座中国建站营运历史最长的火车站中，这些看似不起眼的铁路设施年代久远，是文物，也有故事。

先说交大道口。

唐山南站西端的交大道口是目前沿用和保留下来的唐胥铁路最"资深"的道口，东侧衔接吉祥路，西侧连通大学路和唐胥公路。自20世纪初以来，道口附近发生过许多令人难忘的往事。

1905年，唐山铁路学堂在火车站以南的铁路旁建校，占地190

多亩。不久，学校的大门前便形成了一处人行道口。道口最初无人看守，多年以后才安装上栏杆，成为有人值守的道口。1921年，唐山铁路学堂改名为交通大学唐山学校，"交大道口"一称由此而来。1925年，英国人开办的教会学校——丰滦中学迁至吉祥路（后成为河北省立唐山中学校址）。这时的交大道口因地处郊外，行人很少，只有每天上下学的学生来往不断。因此，当时的铁路工人戏称该道口为"学生道口"。

七七事变以后，交大道口附近失去了往日的宁静。不久，当时唐山的一些日伪机构也挤进了交大校园。

1940年前后，丰滦中学内盖起了能容纳200人做礼拜的教堂；日本领事馆也由王谢庄迁到吉祥路。此外，交大道口旁曾建有赛马场，还开行过"庙会列车"。庙会列车从交大道口旁始发，途经唐山火车站（今唐山南站）、老站（今金匙立交桥处），再沿大城山、陡河间的专用线北行，直抵雹神庙的山脚下，一日往返多趟。这一时期的交大道口乱象横生，形形色色的人群来来往往，堪称当年的一处"乱世道口"。

新中国成立以后，唐山交大先后改称"北方交通大学唐山工学院""唐山铁道学院"，而河北省立唐山中学又分为唐山市第一高级中学和唐山市第十五中学两校。20世纪70年代初，交大道口已十分繁忙，每天驶过的火车近百列，道口开启时人流如潮。1972年，唐山铁道学院迁往四川峨眉。1980年，交大道口拓宽成双向

⊕ 2016 年的交大道口。

通道，并安装了电动栅栏门。几年之后，唐山一中和十五中相继搬迁。1994年，新唐山火车站开通之后，唐胥铁路变成七滦线的一段线路，通过交大道口的车辆和行人也渐渐减少了。

南道口，位于现唐山永红桥处。1886年，唐胥铁路脱离开平矿务局，于矿务局西侧另组开平铁路公司，不久，又在今南厂路北端紧邻铁路一侧（现永红桥的东南）新建房舍，供公司员工使用。从此这里形成一个人行道口。后来，道口两边安装了8.5米宽供车马通行的双扇框式大门，和一个1米多宽供行人通过的小铁转门，还安装了我国当时最先进的道口联锁设施。只有道门关闭后，线路信号才能由红变绿；相反，当线路信号为红色时，道门才能开放。此后南道口有了南道门这个名字。1967年，南道门改建成永红立交桥。

北道口，位于胜利桥西端与建国路南端的连接处。相传形成于19世纪末，后来与南道口一样，也安装了双扇框式大门，有了北道门一称。北道门于1969年被封闭，1976年唐山大地震后被拆除，现遗留有三根残缺的水泥门柱，像三个站在那里坚守岗位百年的道口员，成为唐胥铁路早期的珍贵遗迹之一。

说了道口，再说老天桥。这座旅客天桥，桥高5.9米，桥梁延长段长度为48.3米，跨越6股铁道线。1976年唐山大地震时，出站口方向的引桥护栏被砸弯，后经整修复原，现仍可继续使用。虽然这座今天仍在使用的中国"祖父级"铁路天桥，在唐山工务段设

⊕ 当年的北道口。

⊕ 从 1909 年金达退休离开唐山时的照片中，可以看到老天桥的身影。

备台账上记载建于1922年，这是改扩建的年代。初建年代为1907年。

一张拍摄于1909年4月金达退休时从唐山启程回国的老照片，以及另外几张大约同时期外国人在唐山火车站的留影中，我们看到了这座天桥"年轻"时的身影。以此推算，它极有可能是1907年与唐山站宫堡式新站房一起建成，并投用的配套工程，由此可以基本确定它是我国第一批铁路天桥，而且是一座至今仍然在使用的百年天桥，其文物价值有待重新认定。

这座老天桥还出现在冯小刚导演的《唐山大地震》和张艺谋导演的电影《归来》中，成了一座著名的老天桥。

唐山站的站台雨棚，也是唐胥铁路早期的文物，只是目前还没有定级。方木立柱擎起人字梁，上面是木板和铁瓦。据说它是中国现存最早的木质站棚。站台雨棚建于20世纪50年代初，为天顶铁瓦木结构，高7.5米，面积756平方米，共有32根木柱。唐山大地震中雨棚有多根木柱断裂，整体向东侧倾斜，抢修时更换了16根木柱。

和所有火车站台上的雨棚一样，它迎来送往多少旅客，见证了站台上多少代人的悲欢离合。但它应该无法忘记1976年的唐山大地震，无法忘记它是这座城市在当时唯一能给幸存者遮风挡雨的幸存建筑物。这座站台也是这片土地上在当时最重要的地方，抢修铁路、转运伤员、运输救灾物资……雨棚庇护之下长长的站台成为承

⊕ 建于 20 世纪 50 年代初的唐山南站站台防雨棚。

载千万人希望的地方……

很多退休的老铁路工人们说，多少年以来，唐山站的最高建筑是建于1939年的铁路水塔。水塔位于站台南侧围墙外的铁路建筑段院内，为钢筋混凝土结构，高24米，容积30吨。这座水塔至今仍在使用，是铁路部门在南站区域主要的供水设施。

除了这几处铁路文物，在车站内多处可见文物级的钢轨和铁路界桩。

2011年初，在位于唐山南站上行站台南侧集中楼的道口处，铁路工作人员曾发现一根产自1907年的钢轨。据专家考证，这是1907年火车站由老址迁移到此地时铺设的钢轨。

2015年夏天，有人在站西侧交大铁路道口发现一根1897年制造的钢轨。这根钢轨长1.5米，内壁上清晰铸有"CAMMELL STEEL W.1897"字样，是迄今为止在唐山南站发现的制造年代最早的钢轨，同时发现的还有一根制造于1906年的钢轨。在火车站内还相继发现了铺设在支线上，现仍在继续使用的1922年、1940年制造的钢轨等老物件。

2012年6月，人们在唐山南站南侧100米处清理废墟时，发现在一块较大的长方形石块上，清晰地刻有"官铁路界"字迹。据专家考证，此石是1881年修筑唐胥铁路时埋设的地界石桩。

2015年春，在唐山南站货场外公路一路口处，出土一块标有"PMR京奉路"的铁路地界桩，此块界桩为方柱形水泥制品，柱体截面0.21米见方，全高约1米。该桩埋设于1907年，是清政府埋设的地界桩。

这些老文物，如同唐胥铁路这出大戏留存下来的道具，向世人默默讲述着关于一段老铁路的百年故事。只要我们走近它们，就会感受到那种挥之不去的"老铁路气息"。愿这些文物得到保护与善待。

唐山矿1号井

唐胥铁路的源头，就是唐山矿1号井。它是唐山的百年地标，也是唐山人的精神图腾。唐山矿1号井井架上旋转的天轮，被称为"天眼"，正是它，见证了中国近代工业文明发展的脚步，以及一座工业城市的繁荣发展。百余年前，唐山乔家屯第一声钻机的轰鸣，拉开了中国北方近代工业的序幕，奠定了唐山矿1号井在中国近代工业发展史上的特殊地位。

唐山一带，自明朝开始，民间就用土法开采煤炭。这里的煤不仅品质高，而且贮藏量丰富，但由于缺乏现代化的采矿机械和技术，一直无法深入开采，因此产量极低。洋务运动时，煤的需求量日益增加，李鸿章决定用新法在开平采煤。1876年，唐廷枢受李鸿章委派到开平镇一带勘察煤铁情况，勘察结果令人满意。开平煤质量优良、储量丰富，地质条件和地理位置都很好。第二年，清政府开始筹建开平矿务局，集资白银80万两，确定官督商办，采用西方

⟨⊕⟩ 早年的唐山矿 1 号井。

⊕今日唐山矿 1 号井。

技术采煤。1878 年 7 月 24 日，开平矿务局正式成立，10 月 2 日在乔屯西南部开始凿井。10 月 10 日，开平矿务局办事机构由开平镇迁往唐山。到 1881 年秋，唐山矿正式出煤，当时有工人 250 名，日产煤约 300 吨。后来又建成林西矿，产煤量大增，到 1894 年，开平煤矿日产煤 2000 吨左右。到 1900 年，全矿务局共有员工 9000 多人。

开平煤主要供应上海轮船招商局、天津机器局等企业，以及北洋水师使用。此前天津是日本煤的主要销售地，开平煤矿出煤后，开始同日本煤竞争，到 19 世纪 80 年代末，天津市场已完全由开平煤占据。

1876 年，经过勘察确定基本采煤区之后，唐廷枢于 1878 年 9 月 16 日将从英国订购的钻机设备运至工地，并由英国矿师巴尔督率工人安装完毕。1878 年 10 月 2 日，在今唐山矿 1 号井位置定井位，正式开钻探煤。当时探得 1 号井下有煤 6 层，按日采量 500 至 600 吨计算，可供 60 年开采。

1879 年 2 月，由开平矿务局雇佣的英籍矿师白内特主持，在钻探处采用炸药、放炮、蒸汽绞车提取煤矸石的方法，开凿 1 号井筒。1 号井作为唐山矿提升井，井深达 183 米，又在距地表 61 米、91.5 米、152.5 处分别开凿三条井下平巷，与 1 号井和 1879 年 3 月开凿的 2 号井贯通，平巷中的上巷供通风，中巷和下巷为运煤巷道，使 1 号井提升了生产能力。1881 年，井架、绞车等机器安装完毕，即开始出煤。它是当时中国大地上第一眼采用机械提升的矿井。

唐山矿1号井建成后，不仅使中国采煤业为之一振，也使西方诸国感到惊诧，前来参观的欧美煤矿专家在参观了1号井后称赞道："唐山矿的煤井在设计、建筑和材料方面可以和英国以及其他地方最好的煤矿媲美。"

后来，在唐山矿1号井附近，建成中国第一座铁路隧道（后称达道），并一直沿用至今。

唐山矿1号井在中国近代采煤工业史上写下了辉煌的一页，虽历经百年沧桑和1976年那场罕见的大地震，如今仍在为中国煤炭工业效力。这在世界上也是绝无仅有的，唐山矿1号井已成为唐山这座城市的精神象征。

2013年3月，唐山矿1号井、中国铁路源头（唐胥铁路肇始之处）、中国最早铁路公路立交桥涵（双桥里西桥）等开滦唐山矿早期工业遗存，被国务院列为全国重点文物保护单位。

⊕ 1893 年左右，在唐山矿 1 号井附近，建成中国第一条铁路隧道，并一直沿用至今。

胥各庄站与煤河

唐胥铁路另一端的胥各庄和煤河，见证了百余年来唐胥铁路的兴衰。今天的胥各庄站依然坐落在煤河边，是中国铁路北京局集团有限公司唐山南站管辖的四等站。

1881 年，唐胥铁路正式通车，胥各庄站为线路的终到站。1882 年初，胥各庄站正式建成营业，与当时的唐山站并称中国最早的火车站。胥各庄站与煤河码头相连，唐山原煤在这里倒装船只后，经水路运至天津等地，所以，胥各庄站也是我国最早的铁路、水路货运中转站。胥各庄站和唐山站一起，成为我国最早并沿用至今的办理铁路客运业务的车站。

唐胥铁路的客运业务收益，给开平矿务局带来了意想不到的惊喜。1883 年 1 月，开平矿务局已拥有头等客车 1 节，二等和三等客车 3 节，列车每日在唐山和胥各庄之间往返 6 个来回，客票收入已足够支付这条铁路上行车的日常费用。也就是说，客运收入已经能

⊕ 一列由 "3 号" 机车牵引的四轮木制客、货车厢火车停靠在胥各庄站。

够抵消煤炭的运输成本。

1883 年，唐山产煤达7.5 万多吨，煤河一端，小小的胥各庄火车站和码头，每日车船如梭，为世人瞩目。在这里，煤矿员司、商贾、民众，还有很多外国人，纷纷往来于唐胥之间，不少人是从这里乘船往返天津等地。胥各庄的河头变成一个路河转运码头，迅速成为我国北方的繁华小镇。

1887 年5 月，乐亭人史梦兰为赴友人之约，来到胥各庄河头镇，欲乘船西去前往定州时，见到了铁路和火车。大开眼界的史梦兰诗兴大发，作《东西淀舟行杂咏》以记之：

新河潮汐接芦台，早晚煤船次第开。不是家家养乌鬼，纷然指道黑猪（指煤船）来。火轮车比火船轻，辙迹全凭铁铸成。往见黑烟刚一过，飞仙真是御风行。

由于唐胥铁路的修建与煤河的开挖，给胥各庄这个中国北方名不见经传的小村落带来了海市蜃楼般的繁华。当年，唐山煤炭从这里外运，天津等地来的货物也从这里集散，铁路与煤河的运输带来大量的人流、物流和第三产业。从光绪十七年的《丰润县志》中，可以找到关于这里的片段记载：

商艘客舰，樯密如林，来往洋轮，疾于奔马。

自此，河头小镇由"萧瑟荒村"变成繁华的"水陆码头"，以致"两岸洋楼花坞，目不暇赏"，桥旁水畔"列次鳞比，人烟辏集"。

由于来往的客商百姓持续增多，各种货栈、店铺随之多了起来，日久天长，河头自然而然地成为在胥各庄之南、方圆数十里之内的中心小镇。河面上停着众多的帆船，不时有船只靠拢码头装货或卸货。河头岸上店铺林立、楼房鳞次栉比，那时的河头已有百十余家店铺。商业的兴旺发达，派生出专为商业服务的货栈。从清末第一个货栈"中和栈"成立，到20世纪40年代中期，这里先后成立了50多家货栈。这些货栈多集中在煤河附近，院内铺有铁轨，由火车站直接甩进或挂出装有货物的车厢。

随着煤河河运的发展，河头逐渐形成了一个大市镇，与一般日出而作、日落而息的农村城镇截然不同，这里俨然成为一个典型的商业化气息浓厚的小镇。这里楼阁林立，店铺拥挤，市面繁荣，商贾云集，旅店、货栈、成衣店、印染店、照相馆、澡堂、戏院等应有尽有，大小饭馆、饮食摊点星罗棋布。这里还出现了公共事业设施，如电话局、电报局和邮局，以及各种管理机构，如公安局、商会等。还有其他小城镇很少见到的行业，如粪干场、冬菜场、石料加工场、水缸市场等。这里不但超过了当时的冀东名镇稻地镇，更远超周边县城。

后来随着铁路向西展筑到芦台、塘沽和天津，胥各庄水陆码头的独特位置发生了改变，但自此发展起来的小镇仍保持了蒸蒸日上的繁华。20世纪80年代，乡镇企业异军突起，以县城胥各庄镇企业为支柱的丰南县，曾经跻身全国百强县。

1976年唐山大地震时，胥各庄站同样遭到严重损坏。8月6日，震后第10天，胥各庄站建起临时站房，开始运送抗震物资。1994年11月10日，京山压煤改线开通后，胥各庄站由过去京山线上的中间站，变成了七滦线上的区段站，主要承办货运业务。1996年，改由唐山站接发全部旅客列车，胥各庄站停办客运业务，只有通勤职工上下车。

关于毗邻胥各庄站的煤河，开滦文史专家杨磊和丰南文史专家李继隆的文章勾勒出清晰的图景：

1878年，正在积极筹办开平矿务局的唐廷枢，眼看继续修筑铁路已是不可能的事，便开始议筹挑河运煤。是年9月间，唐廷枢亲自由涧河口至唐山陡河一带，沿途勘察，并绘制成图，为筹挖河道运煤做准备。是年10月22日，唐廷枢将勘察河道的情况及议筹河道运煤的主张向李鸿章做了汇报。1880年，开平矿务局经过三年的筹建有了眉目，但运输问题迫在眉睫。于是在当年10月10日，唐廷枢又一次向李鸿章呈报开河运煤的主张及其"章程六条"，建议由胥各庄至阎庄挑挖一条70里长河道，取名煤河。唐廷枢在呈文中说："陆路百里之遥，若加车运，成本必重，此时不得不预筹运道，以备明春出煤之路，是挑河之所以不容缓者也。"鉴于此，李鸿章第二天就批准了唐廷枢的呈请。

⬆ 今日河头。

　　在筹划开挖运煤河时，因胥各庄至唐山一段的地势逐渐升高，当时条件所限不能开河。所以，唐廷枢又经禀报李鸿章批准，修筑唐山矿场至胥各庄的"快车马路"与煤河衔接。于是开通了唐山至芦台、天津的运输渠道。

　　1881年3月，挑挖运煤河工程正式开始。1881年8月工程告竣，挖河所用地亩多为租用地，共占地约6500亩，引芦台河水入内，工程造价11.5万两白银。河长70里，河底宽5米，河面宽20米，深3米多。在两岸河沿10米外筑堤，堤高1米多，宽16米多。河边插柳当作纤道，离堤13米处种树为河界，堤上筑车路宽10米，两边栽行道树遮阴。河身横断大路地面共修筑9座大桥，以便往来车马，每5里砌筑暗洞一个，以备农田排涝入河。蓟运河阁庄以下300多米处，开设两个引水口，引水口内分别安装铁石水闸，用以控制水位，涨潮时开闸水深1米多。胥各庄煤运河尽头266米以内，河面展宽13米多，便于两岸卸车装船，形成简易码头。北侧河汊作为船坞，还配备了两条挖泥船。

　　开平矿务局为缩短运煤水程和利用荒地开展多种经营，在开挖胥各庄至芦台煤运河的同时，在宁河县新河庄西草滩又开挖了长约40里、宽20米、深3米多的纵向运河（即外运河），两端设水闸保持水位，中间建桥5座，与先前挑挖的运河（即内运河）贯通，使得水上运输更为便利。

　　内运河于1882年春正式启用。煤从胥各庄装驳船，初期由纤

工牵拉到阎庄，后改用汽轮等拖带，经芦台、北塘口出海，或入大
沽口到炮台以上30里的刘家庄煤栈，利用煤栈的两个长39米多的
简易码头卸船地销或直接运往天津。外运河开通后，使煤船免绕海
道30里到大沽。

　　煤河的开通为开平矿务局的发展发挥了重要的作用。1882年
8月至1887年5月，通过煤河运至天津的煤炭共计40万吨左右，占
当时唐山矿产量的80%。自开平煤进入天津市场后，逐渐改变了洋
煤垄断天津市场的局面，到1885年，开平煤完全占据了天津市场。
在利用煤河运送开平煤打入天津市场的同时，一些民船还利用煤河
往来运送石灰、陶器、皮革制品、粮食，以及一些生活日用品，大
大便利了周边乡民的生活。

　　煤河的开通使得临近商铺的买卖也红火起来，《丰润县志》有
这样的描述：

　　煤河在胥各庄二里许，光绪七年开平矿务局挑浚，为运煤计也。
东自胥各庄起，西至宁河县之芦台上，长约七十余里，宽十数丈，
引芦河之水，随潮汐上下，设闸储蓄，波平浪静，四时不涸，商艘
客船，樯密如林，来往洋轮疾于奔马而起，浚之处名曰河头，方圆
数十亩，波水澄清，两岸洋楼花坞目不暇赏，稍西桥旁，列肆鳞比，
人烟辏集，居然一水陆坞头也。

　　此番描述，足见当时煤河两岸的繁华。运河通行后，虽然矿务

局规定民商船过往收费，但由于运输方便，利于贸易，有利可图，商船来往频繁，确实起到促进当地经济繁荣发展的作用。

　　然而随着气候干旱、治理疏漏，河床严重淤积，从20世纪50年代起，煤河陆续失去了舟楫帆樯的飘逸神韵，风光不再。2002年夏天开始，唐山市丰南区以"重现煤河清澈河水，描绘两岸秀美风光"为主题的煤河改造工程正式启动。荒芜的河坡重新被石砌一新，煤河逐渐恢复了生机。

第七章

『铁枝』结硕果

唐山，的确是因为沾了煤矿和铁路的光而发展起来的城市。开采煤矿，修筑铁路，成为城市发展的强劲引擎。应该说，矿山与铁路，是唐山由一个村镇发展成为一个城市的直接动因，成为这座城市的标签与关键词。矿山和铁路，是唐山人心中的骄傲与自豪，也是城市腾飞的两扇翅膀。

路矿带动城市发展

　　19世纪70年代，如今唐山市区一带还是分属于滦州和丰润县管辖的偏僻村落。1876年以后，开平矿务局开始在这里勘探、凿井建矿，随着大量技术工人的涌入，这个昔日的小村落逐渐繁华起来了。后来有了唐山镇，再后来逐渐发展为唐山市。从先前不同时期的城市地图可以看出，唐山市区是逐渐以煤矿为中心，以铁路为主干，不断扩大着城市的版图。几乎在唐山任何一片居民区，左邻右舍，都有在矿上或铁路上班的人。

　　1881年唐胥铁路建成时，在开平煤矿1号井旁建起一座装煤的火车站，在胥各庄煤河建起一座卸煤的火车站。之后，开平矿务局为了扩展唐胥铁路的客运业务，1882年又从唐胥铁路东端向东接出一条约0.9公里长的线路，在今唐山金匙立交桥的位置修建了唐山火车站，在今胥各庄站的位置修建了胥各庄火车站，两个车站均于1882年建成营业，成为客货兼运的火车站。这也是中国最早建

⊕ 唐山由一个荒僻的村镇逐渐变成一座繁华的工业城市。刘权国 / 摄

成并沿用至今的两座火车站。

　　后来开平矿务局发展壮大，总部设在天津后，在唐山设立办事处，称为东局子。办事处所在街道称为东局子街，办事处离火车站较近。由于车站附近交通便利、四通八达，所以厂矿、商店、民宅在此云集，竖井上转动的天轮，火车站此起彼伏的汽笛声，熙攘的人群，氤氲成唐山早期的人间烟火。

　　企业的发展和交通的改变，随之而来的是对人群的吸引和物资的集散，更在于信息汇聚带来的人们视野的拓展和观念的转变。据1926年的统计数字显示，当时唐山共有人口10342户，47623人。其中，本地人口305户，2534人；外来人口9985户，44853人；外国人52户，236人。加上后来发展壮大的唐山机车车辆厂和唐山铁道学院，城市人口迅速增加，所以，唐山的确是一个"开矿带来的城市"和"火车拉来的城市"。

　　后来，随着关内外铁路通车，唐山近现代工业得到迅速发展。一些大中型厂矿相继出现。矿业和交通的发展使唐山的人口迅速增长，广东、山东、山西、直隶等地的一些手工业者和部分农民，陆续来到唐山经商、做工、开办企业。而随着一系列近代工业的建立和发展，这里一改原来农业经济的面貌，呈现出工业化的新气象。高耸的井架、轰鸣的机器、奔驰的火车、往来于煤河的轮船等工业景观，成为唐山一带走向工业化的重要标志。

　　随着工业和交通的发展，商业也跟着发展起来。唐山矿建成和唐山站通车后，各类商贩向这里聚集，最初只是摆摊设点，随着煤矿发展、人口增加，许多行商成为坐商，远近商贾也来唐山竞相开设店铺。商旅骤增，洋货也开始流入唐山，唐山矿和火车站周围出现了许多商号。如1894年刘凯元在桥头屯街开设的同成号洋广杂货商店；1896年丁宝山开设的宝顺德五金商店；1898年李长顺开设的粥铺；1908年冯庆余开设的玉发客栈；1909年靳广森开设的鸿章照相馆，等等。1901年，这座城市特有的商业组织——唐山商会成立。到1911年辛亥革命前，唐山的商业已经初步发展成形，商品种类和商业行业逐渐增多，综合性大商号也已出现。1897年12月，刚刚开办一年的大清邮政在唐山正式成立邮政分局，办理信函、明信片、贸易契、印刷物，以及包裹等邮递业务。

此时，唐山的几条主要街道已基本形成。1908年，清政府把桥头屯改为桥头镇，"因桥头屯北有山曰唐山"，故又名唐山镇。唐山镇共辖12个村庄：原属滦县的桥头屯、刘家屯、马家屯、城子庄、石家庄、小佟庄，原属丰润县的达谢庄、宋谢庄、郭谢庄、王谢庄、陈谢庄、老谢庄，唐山的城市区域迅速扩展。

由于唐山镇所辖的村庄原来分属两个县，居民们习惯上仍认为自己属滦县或丰润县管辖。清政府也并不重视这个新设的唐山镇，直到清末，只在唐山镇设了警务机构，未设行政机构。

城市扩容，人口增加，也带来文化的交流与发展。人们需要娱乐、消遣，于是大批艺人把不同剧种、曲种带到唐山，他们在矿工和商民生活聚集地带露天卖艺，在此基础上产生了戏院和书馆。1888年，唐山最早的剧场车站茶园开业，自此文化娱乐场所相继开办。1909年4月22日，永盛茶园在小山落成，内设座席千余。当日，以成兆才、任连会等为首的"京东庆春平腔梆子班"在此做首场演出，评剧正是在这里走向成熟。此后，大大小小的茶园、戏院、书馆纷纷建立。1952年，著名评书表演艺术家袁阔成曾在这里说书，曲目有《吕梁英雄传》和《二五长征》等，政府还曾奖励他一面锦旗。

这一时期唐山的文化名人众多：被誉为京东才子的史梦兰，乐亭县人，他勤于治学，论著丰富，曾授国子监祭酒；古文名家赵国华，丰润县人，其文章深受著名古文流派桐城派推崇；评剧艺术家成兆才，滦州绳各庄（今属滦南县）人，在清朝末年开始对莲花落进行改革，后来成为评剧创始人。

唐山火车站建成后，唐山成为关内外货物的重要集散地，来往客商云集唐山，隆义栈、永德粮栈等应运而生。这些客栈可代客买卖、转运、存储货物。一些主要的街道如乔屯街、广东街、粮市街等相继在唐山出现。厂矿、商店、民宅连成一片，街道纵横，人口稠密，市场繁荣。

唐山火车站不仅是中国最早的火车站，今天也成为津山线和津秦高铁上的一等站。建站伊始，虽然规模不大，但很快便有了较大的发展，经过几年的建设，各种设施设备处于国内领先地位。唐山站随着铁路运输事业的不断发展和客货运量的增大，逐渐形成拥有

㊀ 唐山站从 1907 年至 1976 年的 70 年间，先后进行了 4 次较大的改扩建
工程。上图为 1966 年改扩建的唐山站；下图为 1972 年的唐山火车站。

10 余条股道的较大车站。新中国成立后，唐山站还修建了通往唐山钢铁公司、唐山启新水泥厂、空军唐山飞机场、唐山发电厂、唐山建筑陶瓷厂、唐山市粮食局陈庄粮库等 30 余条专用线。

唐山火车站在百余年的发展历程中，经过多次变迁与改造，不仅规模不断扩大，而且不断衍生，使城市火车站的数量不断增加。目前，唐山市区内以"唐山"冠名的火车站就有唐山站、唐山东站、唐山南站、唐山北站。1896 年，唐山火车站第一次搬迁，由原址（今唐山市路南区小山西北侧，即建国路金匙立交桥东侧的老站道口处）迁至今天的唐山南站址。搬迁的原因，是当时唐山站人多地狭，设备简陋，不敷应用。1896 年，举行了新站落成典礼。

旧站与搬迁后的火车站相距约 1 公里，后来从 1907 年至 1976 年的 70 年间，车站先后进行了 4 次较大的改扩建工程。

1976 年唐山大地震后，唐山火车站在原址重建，先盖起了简易车间投入使用，后来重新修建起震后的第一座火车站。这座车站现已改为以货运为主的唐山南站，结束了 114 年的客运历史。如今这座车站每天接发 30 余列货车，以及两趟接送铁路职工上下班的通勤客车。

唐山火车站第二次搬迁是在 20 世纪 90 年代，唐山新火车站由唐山南站的位置迁到唐山市新华西道的西端，与老火车站相距 9.5 公里。唐山新火车站 1992 年 3 月 17 日奠基动工，1992 年 12 月 30 日落成，1994 年 11 月 1 日通车，1996 年 6 月 26 日接发京山线的全部旅客列车。这次搬迁是随着震后新唐山的总体规划，以及"京山压煤改线工程"的需要而进行的。唐山新火车站运营 21 年后，在 2011 年进行了改扩建工程，2013 年投入使用。

百余年来，唐山站经历了蒸汽机车、内燃机车、电力机车、动车组列车，到高铁列车的蜕变与华丽转身；从站站停的"绿皮车"，到开行时速 350 公里的高铁动车组。

交通的发展，出行的便捷，给唐山城乡带来巨大变化。2013 年 12 月 1 日，唐山站建成高铁站后，津秦客运专线（津秦高铁）北连秦沈客运专线，西连京津城际铁路，南接京沪高速铁路，形成贯通东北与华北、华东、中南地区的快速客运通道，大大缩短了东北与关内各地，及沿线城市之间的时空距离，增进了经济、文化和技术的交流，也进一步提升了铁路运输服务质量。目前，从唐山站始发和途经的旅客列车已达每日两百多趟，当日在唐山站上车人数最多时达两万余人。京唐城际铁路开通后，北京到唐山只需 38 分钟，唐山将成为全国第一个拥有直通首都高铁终点站的中等城市，京津冀经济一体化和一小时交通圈的梦想也将变为现实。

⊙ 百余年来，唐山站经历了蒸汽机车、内燃机车、电力机车、动车组列车，到高铁列车的蜕变与华丽转身。图为今日唐山站。刘权国／摄

"唐山交大"今昔

"唐山交大"是唐山交通大学的简称，"唐山交大"是唐山的自豪与荣耀。茅以升、竺可桢等等闪光的名字，更让这所大学熠熠生辉。的确，当年的唐山交通大学是一个传奇，这所大学也是唐胥铁路的"枝条"上结出的"硕果"。

这所学校曾先后定名为"山海关北洋铁路官学堂""唐山交通大学""唐山铁道学院"等，是我国近代建校最早的高等学府之一。

1878年，中国第一座现代化煤井诞生在唐山，随着大规模煤炭开采，催生了现代交通事业的发展，唐山交大应运而生。唐山交大的开办又带动了中国铁路的发展，推动了中国近代工业的崛起。

1885年，天津设立天津武备学堂。1890年，该学堂增设铁路工程课程，招收学员40名，这也是中国培养铁路人才最早的学校。1895年，清政府批准在唐山开平镇创办开平武备学堂，设立开平铁路班。

　　首倡在中国建立铁路学堂者，是曾任唐胥铁路总工程司、开平矿务局总工程司、北洋官铁路局总工程司的金达。

　　在唐胥铁路肇始之初，中国自己的铁路科技人员稀缺。1891年，金达与同僚薛福成谈到外国来华的路矿技术人员时说："开平所请之坚，系怡和代请；大冶所请之郭师敦，系金登干代请。此二人有成效，余皆混充。"1893年9月20日，已任北洋官铁路局总工程司的金达上书直隶总督、北洋大臣李鸿章，从中国铁路发展的需要出发，建议开设学堂，培养中国自己的铁路工程师。后来由于经费困难等原因，只在天津武备学堂增招铁路学生。

　　中日甲午战争后，清政府筹修粤汉铁路时，湖南巡抚陈宝箴向主管此路的王文韶、张之洞提出建议："初勘路时，暂可不用洋工程师。"同时，王文韶等人均提出了建立铁路学堂的主张，兴办铁路教育已成为清廷朝议的大事。

　　1896年5月4日，从北洋官铁路局调任津卢铁路总工程司的金达再次上书津卢铁路督办胡燏棻，陈述创建铁路学堂的提议，并进一步提出具体办法，拟定《在华学成之铁路工程司章程》16条附陈。胡燏棻旋即将金达的上书及附陈转呈新任直隶总督、北洋大臣王文韶。

　　1896年10月，王文韶以《奏为拟设立铁路学堂所需经费在火车脚价等项下酌加应用事》为题上奏光绪帝设立铁路官学堂，后经光绪帝御笔朱批"该衙门知道"，王文韶旋即批准在津榆铁路总局

⊕ 王文韶

（北洋官铁路局）创办了中国第一所铁路学堂——山海关北洋铁路官学堂，很多教习都是开平武备学堂的优秀毕业生。王文韶责成胡燏棻会同北洋官铁路局总办吴调卿具体规划筹办事宜，并任命吴调卿以北洋官铁路局总办的身份兼任铁路学堂第一任总办（校长）。

对每年所需 1 万两的办学经费，朝廷没有拨款，王文韶采取"羊毛出在羊身上"的办法，以火车运营加价的办法筹集，具体办法是：客货每一两银加三分；开平矿务局运煤脚价加二分。11 月 20 日，北洋官铁路局在上海《申报》上刊登《铁路学堂告白》，开始招生，次年招生 20 人。

1900 年 9 月，八国联军入侵，俄国军队侵占山海关，校舍被俄军占据，铁路官学堂因战乱被迫中断。

1905 年，因铁路建设人才匮乏，鉴于山海关铁路官学堂卓越的办学成绩，关内外铁路总局筹备恢复学堂，遂选址唐山复校，改名为唐山铁路学堂。1906年，学堂增设矿科，名为山海关内外路矿学堂，建校和日常费用由铁路局承担七分之五，开平公司承担七分之二，开平公司安排电力工程师和矿业工程师到校授课。1906年8月初，学堂开始招生，在天津、上海、香港等地主要报纸刊登招生信息。1908年，学堂由清政府邮传部直辖，更名为邮传部唐山路矿学堂，即现在西南交通大学的前身，被称为"中国铁路工程师的摇篮"。

1912年9月，孙中山先生莅临该校视察，发表了《革命需要武装、建设两路大军》的著名演说。唐山交通大学比照美国康奈尔大学模式办学，1916届毕业生茅以升在康奈尔大学的优异考试成绩，为所有唐山交通大学学子获取了康奈尔大学免试入学攻读研究生的资格，从此唐山交大在国际上声名鹊起，被誉为"东方康奈尔"。

唐山交大培养了茅以升、竺可桢、杨杏佛、林同炎、黄万里、陈能宽、姚桐斌、李俨、何杰、李光前、钱崇澍、贝祖贻、潘承孝、杜镇远等一大批彪炳史册的科学泰斗、学术大师、行业翘楚，积淀了"唤实扬华、自强不息"的交大精神和"严谨治学、严格要求"的优良传统，为中国贡献了一大批铁路、采矿、冶金方面的专家、学者，也为中国的现代化、工业化，特别是轨道交通人才培养，以及科学研究作出了巨大的贡献。

自1905年之后的半个多世纪，唐山交大可谓群贤毕至、少长咸集，吸引了罗忠忱、伍镜湖、李斐英、顾宜孙、黄寿恒等教育界

↑ 1896 年山海关北洋铁路官学堂。

著名的"唐山五老"，也有相继留在母校任教的许元启、朱泰信、罗河、李汶等大师级教授。

值得一提的是校园中的眷诚斋，是詹天佑家属捐款所建的学生宿舍大楼。眷诚斋为三层尖脊瓦顶楼房，建筑挺拔俊秀，校方将此作为毕业生宿舍。"眷诚"二字，暗含"眷恋"与"忠诚"的含义，以激励莘莘学子为中华民族的进步事业而奋斗。

由唐山肇始的这所交通大学，如植物的分蘖，在历经多年变迁后衍生出五所大学：西安交通大学、上海交通大学、西南交通大学、北京交通大学和台湾交通大学。这五所交大各有千秋，共为中国培育近百万工程、科学、管理、医学等方面的人才，成为中国乃至世界最有影响力的公立大学系统之一。唐山交通大学桃李遍天下，在世界各地都有唐山交大学子的身影，他们在各行各业作出了卓著贡献。"老唐大毕业"也成为很多老一辈专家学者口口相传的荣耀。

唐山交通大学作为中国著名大学的渊薮，如主根不断滋生，还孕育出多所"亲缘高校"。1926年，唐山交通大学在辽宁锦县建立分校，后独立成为东北大学；1948年，唐山交通大学部分教授、专家开始帮助筹备组建中国人民解放军铁道兵工程学院，也就是现在的石家庄铁道大学；1950年3月，铁道部铁道技术研究所在该校成立，后迁至北京，现已成为中国铁道科学研究院。1952年下半年，唐山交通大学部分教授、专家支援组建中国科学院；建筑系、化学工程系调整到天津大学；矿冶系调整到新组建的北京钢铁学院（北

⤊ 交通大学唐山学校校门。

京科技大学的前身）；采矿系调整到北京地质学院（中国地质大学的前身）和北京矿业学院（中国矿业大学的前身）；电信系调整到北京铁道学院（今北京交通大学）；电机系电讯组调整到原哈尔滨铁道学院；土木系水利组调整到清华大学，并部分支援了河海大学。1956 年组建了唐山业余工学院（今唐山学院）；1958 年组建了兰州分校（今兰州交通大学），同年，又与煤炭部、天津大学一起组建了唐山矿冶学院（今华北理工大学）。

交通大学唐山工学院于 1950 年 8 月改名为北方交通大学唐山工学院，校部设在北京。该校百年来培养了一大批享誉中外的科学家、工程技术大师、著名的社会活动家。其中，享誉世界的著名桥梁专家、全国政协原副主席茅以升长期在这所学校工作，对我国的工程教育事业作出了卓越的贡献。

茅以升（1896—1989），字唐臣，江苏镇江人，土木工程学家、桥梁专家、工程教育家，中国科学院院士，美国国家工程科学院外籍院士。1916 年毕业于交通部唐山工业专门学校，1917 年获美国康奈尔大学硕士学位，1919 年获美国卡内基梅隆大学理工学院工学博士学位。茅以升曾主持中国铁道科学研究院工作 30 余年，为铁道科学技术进步作出了卓越的贡献。

1911 年，15 岁的茅以升自南京商学堂毕业后，考入唐山路矿学堂土木工程科，从此与唐山结下不解之缘。1916 年夏，茅以升以第一名的成绩毕业于唐山工业专门学校，又考取清华大学公费赴美

⬆ 青年茅以升

国康奈尔大学留学。

由于美国康奈尔大学对唐山工业专门学校的毕业文凭不予承认，因此先命题考核茅以升大学课程的学习情况，继而又进行入学考试。茅以升两次考试都取得了优异成绩。不到一年的时间，他就获得了硕士学位。茅以升为母校争得了荣誉，也赢得了康奈尔大学的信任。为此，康奈尔大学做出决定：以后凡唐山工业专门学校的学生，到康奈尔大学就读研究生一律免试入学。1919年，茅以升获得美国卡内基梅隆大学理工学院工学博士学位。其博士论文《桥梁桁架次应力》达到了当时的世界级水平，该论文的科学创见被称为"茅氏定律"。

1920年1月，茅以升回到祖国，应邀到母校唐山工业专门学校担任教授。作为中国卓越的桥梁专家，茅以升于20世纪30年代主持设计和建成了钱塘江大桥，首创中国第一座自己设计并建造的现代化铁路公路两用桥，令国外同行对中国的桥梁建筑刮目相看。
20世纪50年代，在武汉长江大桥的建设中，茅以升担任中外专家
技术顾问委员会主任委员，解决了建设中的14个难题。

1950年8月21日，政务院四十六次会议决定将中国交通大学
更名为北方交通大学，任命茅以升为北方交通大学校长。

新中国成立后，茅以升任中国科学院学部委员、科学技术部副
主任，历任中国科学技术协会副主席、名誉主席。1982年，他被美
国国家工程科学院选为外籍院士，1984年被选为加拿大土木工程学
会荣誉会员。他积极倡导土力学学科在工程中的应用。晚年，他编
写了《中国桥梁史》《中国的古桥和新桥》等著作。

茅以升于1989年11月12日在北京逝世，终年93岁。1991
年5月15日，在西南交通大学校庆98周年时，举行了茅以升铜像
落成揭幕仪式，对这位桥梁专家、教育家表达永恒的纪念。铜像下
面刻有题词"爱国知识分子的楷模"。

老唐山交大有一片铁路公房，20世纪八九十年代，我经常去
住在那里的工友和同学家串门，也时而走街串巷，寻找承载着唐山
百年记忆、蕴含着唐山文化乡愁的老交大建筑遗迹。唐山大地震后，
老交大校园的漂亮建筑损毁殆尽，唯有大门未倒，那高高的具有西
洋建筑风格的大门，深深地吸引着人们的视线，引发着人们无尽的
追忆与遐想。

再后来，随着平房区的拆迁，这里一片空寂，令人心里空落茫

然，只剩几棵老槐树，如几个历史的见证人，执着地坚守在这里。常有当年的老交大校友远道赶来与老槐树合影，甚至还有须发斑白的老人，抱着当年见证了他们青春与爱情的老槐树，泪雨滂沱……

令人欣慰的是，弘扬唐山交大精神，擦亮城市历史名片，已经成为唐山人民共同的期盼。2020 年 8 月，我来到正在建设中的"唐山交大园"项目工地，展望蓝图，与建设者们一起和两棵老槐树合影。在不久的将来，老交大的历史风貌，将重现在这片热土上。

岁月沧桑，日月轮回，当年由校长吴稚晖撰写的《国立交通大学唐山工程学院院歌》，依然能够唤起人们美好的遐想：

翳唐山，灵秀钟；我学院，声誉隆。灌输文化尚交通。

习矿冶，土木工，窥学术，贯西中，相期同造最高峰。

璨兮如金在熔，璀兮如玉相攻。桃秾李郁，广座被春风。

宜诚笃，宜勤朴，基础坚，事功崇。文轨车书郅大同。

璨兮如金在熔，璀兮如玉相攻。桃秾李郁，广座被春风。

宜诚笃，宜勤朴，基础坚，事功崇。文轨车书郅大同。

中国铁路第一厂

像世界闻名的唐山交通大学一样，由胥各庄铁路修车厂发展演变而来的中车唐山机车车辆有限公司，也是唐胥铁路这根"枝条"上长出的"硕果"。

如果从文物角度看，随着唐胥铁路的修建而兴建的胥各庄铁路修车厂是与唐胥铁路关系最为密切的"活文物"。中国第一台蒸汽机车、第一辆豪华客车、第一辆轨道检查车、第一批公务车、第一列双层内燃动车组、第一列摆式列车、第一列 70% 低地板轻轨车、第一列常导中低速磁悬浮列车、第一列时速 300 公里以上高速动车组……均诞生于这个工厂。孙中山曾先后两次视察这座铁路工厂。列宁曾在莫斯科接见来自这个厂的工人邓培、梁鹏万。

经过 140 多年的发展变迁，该厂作为中国第一家轨道装备制造企业，已经发展成为世界知名的机车车辆制造企业，制造出一批又一批领先于国内外同时代的轨道交通产品，为国家培养了一代又一代铁路工业栋梁。

让我们顺着历史的脉络，回顾这座"中国铁路第一厂"的不凡轨迹。

开平矿务局总办唐廷枢在修建唐胥铁路的同时，经直隶总督兼北洋大臣李鸿章批准，于1881年由开平矿务局投资创办了胥各庄铁路修车厂。这个工厂建立伊始规模并不大，只有几十名工人和几间简易的厂房。工厂的主要任务是为开平矿务局制造和修理运煤的车辆。最初的厂址，设在丰润县的胥各庄唐胥铁路西端的铁路南侧。

作为中国第一个铁路修车厂，建厂当年就制造铁路货车13辆。特别是该厂工人根据金达的图纸并在其指导下，制造出中国第一台蒸汽机车，因此，这个厂素有"中国机车工业摇篮"之称。1883年，该厂还为开平矿务局高级管理人员制造了一辆"一等客车"。

随着运输车辆增加，维修量增大，胥各庄修车厂已不能适应生产需要。1884年，工厂由胥各庄迁至唐山开滦西马路23号唐山矿西侧，占地40余亩，人员和设备都有所增加，厂名改为开平矿务局唐山修车厂。该厂的制造能力也由最初生产5吨货车，到后来可以生产12吨、30吨货车。后来，随着唐胥铁路的延伸与扩展，工厂生产能力不断增加，规模不断扩大。

1887年，工厂兴建起锴车房、花车房、打铁房、补锅房、锯木场等场房，开始使用蒸汽动力，小型机床增加到20余台，并增添了小型汽锤、圆锯、压刨等设备。

　　1889 年，随着铁路的发展，以及机车车辆修造任务的逐年增加，铁路当局又在今唐山市路南区铁路南建了一个新厂，占地面积 510 亩，首批动工兴建的有总办公楼及锅炉房、锥工场、制炉场、车架场等配套场房和各种设施。由于新建的厂房地处唐山的南端，也处在西马路 23 号旧厂址的南面，故人们称其为南厂。而西马路 23 号旧厂址，人们则习惯称其为北厂。

　　开平铁路公司成立后，唐山铁路工厂脱离开平矿务局，成为开平铁路公司下属的生产企业。百余年间，很多故事在这个铁路工厂上演，它的隶属关系和名称更是频繁变更。该厂孔德新先生的《话说"南厂"历史上隶属更替和名称变迁》一文，梳理出了较为清晰的脉络。

　　1886 年，清政府成立官督商办的开平铁路公司。公司招集商股 15 万两，开平矿务局以唐胥铁路作价 10 万两入股开平铁路公司。同时，把唐山修车厂、3 台机车、102 辆货车等大量实物资产划归开平铁路公司。从此，工厂脱离开平矿务局，隶属开平铁路公司，厂名改为开平铁路公司唐山修车厂。1887 年，唐胥铁路由芦台延伸至天津，开平铁路公司改称中国铁路公司，工厂改称中国（天津）铁路公司唐山修车厂。

　　1889 年，该厂专门为慈禧太后制造了一台豪华专用客车——"銮舆御车"（也称"銮舆龙车"），由于车厢两侧各镶嵌四条龙，中间镶嵌的是双龙戏珠图案，两边镶嵌的是单龙戏珠图案。因此该车俗称"龙车"或"花车"。

1895年底，商办的中国铁路公司与北洋官铁路局合并，称为津榆铁路总局。1896年，工厂更名为津榆铁路局唐山修理厂。1897年，津榆铁路总局改为关外铁路总局，工厂隶属该局。

1898年，清政府成立矿务铁路总局，主管全国矿务、铁路事宜，订立矿务铁路公共章程，铁路建设进入新的阶段。工厂由该局管辖。

1900年，八国联军入侵，俄国侵略军接管南厂，并将此地作为兵营。同年，该厂开始正式制造"莫古式"蒸汽机。1901年1月，俄国侵略军将工厂转交给法国侵略军。3月，法国侵略军又将工厂转交给英国侵略军。英国侵略军接管该厂期间，北京至山海关段的铁路逐渐修好，所需货车和客车均由唐山修车厂制造。

1901年9月，清政府被迫与英、美、日、俄、法、德、意、奥、比、西、荷11个国家签订不平等条约《辛丑条约》。清政府担心通往京师之路掌握在列强手里极为危险，皇帝谕令接替李鸿章任直隶总督的袁世凯为督办大臣，抓紧设法收回关内外铁路经营权。同时，将总理海军事务衙门改为外务部，矿务局和铁路总局归外务部考工司管理，工厂隶属关系也随之改变。

1902底，金达官复原职，仍担任铁路总工程司。1903年，工厂搬迁到南厂新厂址后，制造能力不断增强。新建的大型工厂竣工及设备齐全后，金达等人开始了自制机车的计划，以减少从海外进口机车的数量，但很多部件仍是从英国和美国进口的。

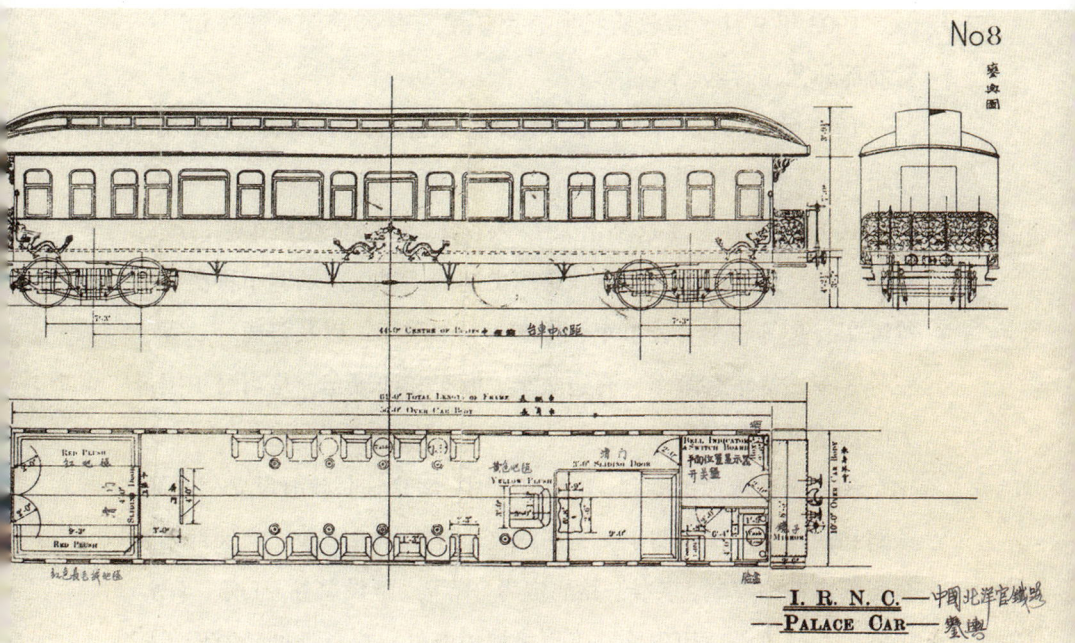

No8

窗台圖

I. R. N. C.—中国北洋官铁路
—PALACE CAR—鑾輿

⊕ 1889 年，唐山修车厂专门为慈禧太后制造了一台豪华专用客车——"銮舆御车"。图为设计图纸。

　　1903 年 9 月，清政府将所有路矿事宜并入商部，铁路和工厂受商部通艺司管辖。

　　1906 年 10 月，清政府设邮传部，专管船、路、邮、电四政，铁路和工厂受邮传部管辖。

　　1907 年 8 月，北京至奉天（今沈阳）铁路全线通车后，改称京奉铁路，工厂改名为京奉铁路唐山制造厂，生产的客车种类有头等卧车、头等餐车、公事车、行李车、邮政车，以及普通、二等、三等客车，货车有敞车、高边敞车、棚车和油罐车，是当时中国最大的铁路机车车辆厂。

　　随着辛亥革命的胜利，1912 年 1 月，南京临时政府设立交通部，铁路和铁路工厂都隶属于交通部路政司管辖。1916 年，交通部划为全国国有铁路编制，京奉铁路局定为一等局，下设总务、工务、车务、机务、会计五处，唐山铁路工厂隶属机务处，机务处处长兼任工厂总管。1928 年 6 月，国民政府将北京改为北平；7 月，京奉铁路局改为平奉铁路局，工厂改称平奉铁路唐山制造厂。1929 年 4 月 15 日，平奉铁路改为北宁铁路，北宁铁路关内外统一，铁路局设于天津，奉局令，平奉铁路唐山制造厂改称北宁铁路唐山制造厂；10 月 29 日以后，又奉局令改称北宁铁路唐山工厂。

　　1937 年 7 月 7 日卢沟桥事变后，全民族抗战爆发。1939 年 4 月 17 日，侵华日军与伪华北临时政府达成协议，成立"中日合办"的"华北交通株式会社"，工厂隶属于该社。厂内的系、所主任及主要岗位均由日方人员担任，原各系、所主任有的降为副职，有的被撤职。1945年8月15日，日本宣布无条件投降后，"华北交通株式会社"将所辖铁路及工厂向国民政府交通部移交。

唐山解放前夕，国民党政府企图将工厂迁往湖南株洲，中共地下党组织发动工人开展反"南迁"斗争，致使其阴谋未能得逞。1948年12月12日，驻唐山的国民党青年军第八十七军溃逃，唐山宣告解放；12月13日，唐山市军事管制委员会成立，立即派员接管工厂；12月15日，工厂恢复正常生产，更名为中国人民革命军事委员会交通部平津铁路管理局唐山机厂。

唐山解放后，工厂获得了新生，生产力得到迅速发展，制造、修理的机车车辆质量大幅度提升。由于当时全国大部分地区尚未解放，人民解放战争仍在进行，唐山铁路工厂在中国共产党的领导下，以高涨的热情坚决响应"加紧生产，支援前线"的伟大号召，昼夜奋战，精心修复遭到战争破坏的两台机车，定名为"唐山解放一号"和"新天津解放号"。工人们还赶修了大批军用汽车、大炮和坦克车，抢修了大批桥梁，为中国人民解放战争作出了巨大贡献。

1949年3月31日，中国人民革命军事委员会铁道部下令，唐山机车厂由铁道部直接领导，有关业务管理及技术指导由铁道部机务局统筹办理。

此后，工厂的名字又历经多次改变。1949年7月1日，工厂改称中国人民革命军事委员会铁道部唐山铁路工厂。1953年1月8

日，工厂改称铁道部唐山机车车辆修理工厂。1958 年 9 月 14 日，工厂改称铁道部唐山机车车辆厂。1970 年 7 月，交通部、铁道部和邮电部的邮政部分合并组建为交通部，工厂改称交通部唐山机车车辆厂。1975 年 2 月，交通部拆分为交通部和铁道部，工厂改称铁道部唐山机车车辆厂。1994 年 5 月 1 日，工厂改称唐山机车车辆厂。

2000 年 9 月，中国铁路机车车辆工业总公司（简称中车公司）与铁道部脱钩重组后，分立为两家公司，即中国北方机车车辆工业集团公司和中国南方机车车辆工业集团公司，由国务院国资委统一管理。唐山机车车辆厂隶属于中国北方机车车辆工业集团公司。

2006 年 11 月 3 日，根据中国北车集团公司《关于客车制造业务整合资产重组的决定》文件要求，将机车厂客车制造业务的相关资产、人员同长春客车股份公司进行重组，设立唐山轨道客车有限责任公司（简称唐车公司），由长春客车股份公司托管。原机车检修及客车检修业务整合后，成立唐山轨道交通装备有限责任公司（简称唐山装备公司）。后勤及改制单位为主的存续部分仍称为唐山机车车辆厂，由唐山装备公司管理。唐车公司和唐山装备公司同为北车集团公司的子公司。2009 年 8 月 20 日，唐车公司与唐山装备公司业务重组，唐山装备公司并入唐车公司。

在国家实施"一带一路"倡议和"高铁走出去"战略的大背景下，中国南车集团和中国北车集团合并后，2015 年 6 月 1 日，上市公司中国中车股份有限公司正式成立。2016 年 1 月，唐山轨道客车有限责任公司正式更名为中车唐山机车车辆有限公司，隶属于中国中车股份有限公司。

这座百年老厂，在铁路机车车辆制造史上创造出多项成果。

1949年8月，工人们从9台报废的机车上拆下可用部件，在苏联十月革命胜利32周年前夕精心修复、组装成一台新机车。11月25日，机车开赴北京举行命名典礼仪式，被命名为"中苏友好号"。

1952年，该厂工程师唐仲谦在铁道部的大力支持下，主持设计了中国第一辆轨道检查车。1958年6月，工厂试制成功第一台跃进型调车蒸汽机车，轴式为1-3-1。1958年7月，工厂基于减轻客车自重要求，设计、试制出一辆外墙板为铝合金板铆接的硬座客车。同年9月24日，工厂试制成功和平型干线货运蒸汽机车，轴式为1-5-1。1959年9月，工厂试制出中国第一台装用空心动轴和平型蒸汽机车。同年，自行设计制造出中国首批高级公务车。

1960年，唐山机车车辆厂与大连机车车辆厂合作，在JF6型蒸汽机车基础上进行现代化改造，设计制造上游型蒸汽机车，首批试制14台。此后，工厂又经过两次较大的修改设计，产品逐渐定型。1965年至1968年，该厂为越南设计制造自力型米轨蒸汽机车66台，有力地支援了越南的革命和建设。

从1971年起，工厂以试制内燃机车和提高新造软席客车产量为目标，进行了一场规模空前的技术改造，自制大量标准、非标准设备和工艺装备、工位器具，提高了机械化水平和生产效率，试制

↑ 1976 年 9 月，工厂修复了在地震中被砸坏的一台东风 5 型内燃机车，命名为"抗震号"。

东风型内燃机车并批量生产。

最令人难忘的是 1976 年，大地震瞬间把这座位于地震中心区的百年老厂夷为废墟。在重灾面前，职工们英勇奋战，当年就恢复了生产，9 月，工厂就修复了在地震中被砸坏的一台东风 5 型内燃机车，并命名为"抗震号"。

震后，由于厂址位于唐山市路南区的塌陷区、压煤区，不宜就地重建。铁道部于 1977 年 4 月向国家计委报送的《唐山工厂重建设计任务书》中阐明：唐山机车车辆工厂是我国最老的一个铁路工厂，是目前我国唯一生产工用、矿用标准轨车和担负高级客车、专用客车制造及修理的重点工厂……经我部同河北省、唐山市反复研究，一致同意在河北省唐山市丰润东重建。

于是有了今天的新厂。

新厂坐落于唐山市新区东部，占地 124 万平方米。进入改革开放新时期，唐山机车车辆工厂面对老厂恢复、新厂建设、两地生产、搬迁过渡等多种困难，千方百计自筹资金对新厂新造客车实施扩能改造。1988 年，新造客车产量由铁道部原来批准的年生产 100 辆，突破年产 300 辆大关。

1989 年，机车厂首次向美国出口上游型蒸汽机车。自此，工厂陆续承揽了美国、德国、加拿大等二十几个国家的机车车辆及零部件制造业务。

进入 20 世纪末，机车厂按照"科学技术是第一生产力"的指

中车唐山公司高速动车组铝合金生产线。吴宏道 / 摄

导思想，开展技术革新，以计算机辅助设计加快产品开发速度，改革传统生产工艺，提高产品质量，为提高产品档次，采用新技术、新材料开发新品种，为参与国内外市场竞争打下坚实基础。

从 1991 年开始，机车厂的内燃机车修理在质量和产量上也在较短时间内跨出较大步伐。1998 年 2 月，研制生产出中国首列双层内燃动车组。该型动车组旅客定员 540 人，设计最高运行时速 130 公里。

2008 年，拥有完全自主知识产权的国产首列时速 350 公里和谐号 CRH3 型动车组在该厂下线，中国由此成为世界上仅有的几个掌握时速 350 公里高速铁路技术的国家之一。

2010 年，中车唐山公司自主创新研制出国产新一代和谐号 CRH380BL 型动车组，最高运营时速达 380 公里，采用 16 辆长编组，全列定员 1053 人，在运营速度、安全可靠性、舒适性、节能环保等技术指标，以及全寿命周期成本等经济指标方面，达到世界领先水平。2011 年 1 月 9 日，CRH380BL 动车组在京沪高铁运行试验中，创下了每小时 487.3 公里的"世界铁路运营试验最高速"。2011 年 5 月，该公司自主创新研制的高速综合检测列车开上京沪高铁，最高检测时速达到 400 公里，实现了我国铁路装备重大技术创新，被誉为"中国高铁保护神"。

2017 年 6 月 25 日，中国标准动车组被正式命名为"复兴号"，于 26 日在京沪高铁正式双向首发。8 月 21 日，中车唐山公司研制的复兴号高速动车组首次在京广高铁载客运营。同年10月26日，中车唐山公司研制的世界首列商用型氢燃料混合动力100%低地板现代有轨电车首次投入商业载客运营。2020年10月21日，中车唐山公司制造的时速400公里跨国互联互通高速动车组正式下线；2020年12月23日，中车唐山公司制造的时速350公里高速货运动车组正式下线。

在140多年的历程中，这个铁路工厂创造了多项"中国第一"，生产出一批又一批多种型号的机车车辆，为国计民生和铁路事业发展作出了突出贡献，成为名副其实的"中国铁路第一厂"。

燃起燕赵革命火种

唐胥铁路和开滦煤矿，是中国工人阶级最早觉醒的地方之一，20 世纪 20 年代初，河北省最早的中共基层党支部和地方执行委员会——京奉路唐山制造厂党支部和唐山地委相继诞生于此。中国工人运动史上两次著名的大罢工：1922 年 10 月中共地下党组织领导的开滦五矿大罢工和 1938 年 3 月开滦煤矿大罢工，都发生在这里。

在唐山铁路、煤矿的革命工人运动中，涌现出邓培、阮章、张振福、节振国等英雄人物。

邓培（1883—1927），原名邓配安。1901 年初，18 岁的邓培考入关内外铁路总局唐山修车厂当旋床工。由于他待人热情诚恳，主动帮助工友排忧解难，结识并团结了不少工人。1916 年 6 月初，邓培倡导成立工厂职工同人联合会，并被选为总干事长。五四运动时期，他带领工厂 2000 多名职工冲破厂方阻挠，参加了唐山各界人民的集会和示威游行。在反帝反封建的斗争中，邓培成长为一名坚定的爱国者,成为唐山工人中有影响、有威信、有勇有谋的领导者。

1920年3月,李大钊等人在北京组织成立马克思主义学说研究会,4月派罗章龙到唐山与邓培联系,不久邓培被吸纳为会员。12月,天津共产党组织设立京奉铁路唐山站分部,邓培任负责人,成为唐山地区及河北省工人中最早的共产党员。

1921年7月,邓培领导建立唐山社会主义青年团组织。9月,中共中央在上海召开会议,讨论发展工人运动问题。邓培、罗章龙作为北京代表参加了会议。会后,北方工运领导机构把唐山作为工作重点之一。1922年1月21日至2月2日,共产国际在莫斯科召开远东各国共产党及民族革命团体第一次代表大会。受中共北京区委指派,邓培作为中国代表团成员之一参加了大会,并在大会上以《中国的工会、铁路和冶金工人罢工的情况》为题做了报告,会议期间在克里姆林宫受到列宁的亲切接见和热情鼓励。1922年7月,邓培赴上海列席中国共产党第二次全国代表大会。8月,经中共北京区委批准,中共唐山地方执行委员会成立,邓培任书记。邓培以唐山制造厂3000余名职工为后盾,召集开滦煤矿、启新洋灰公司、华新纱厂的工人代表开会,成立唐山劳动立法大同盟。根据中共北京区委关于开展京奉铁路和开滦五矿罢工的决定,为改善工人生活待遇,邓培领导唐山制造厂3000余名职工于10月13日开展历时8天的罢工,并取得全面胜利。10月23日,邓培在中共北京区委和中国劳动组合书记部的领导下,组织发动了震惊中外的开滦五矿同

⊕ 邓　培

盟大罢工。当罢工遭到反动军警镇压时，邓培临危不惧，指挥若定，始终与煤矿工人并肩战斗，成为煤矿工人信赖的领导者。

1922年4月，作为河北省第一位共产党员，邓培发展了阮章、王麟书、许作彬、李华添等人入党，并在唐山制造厂建立了河北省最早的中共地方党支部。紧接着，在他的指导和帮助下，开滦煤矿第一个党支部也建立起来。当年8月，经中共北方区委批准，以邓培、阮章和田玉珍为委员的中共唐山地方执行委员会正式成立。

1923年6月，邓培作为北方区代表，参加中国共产党第三次全国代表大会，在会上作了报告，并与出席大会的何孟雄、项英等工人运动活动家一起讨论起草了《劳动运动决议案》，获得大会通过。在这次会议上，邓培当选为中央执行委员会候补委员。翌年2月7日，全国铁路工人第一次代表大会在北京召开，邓培作为京奉铁路总工会的代表出席大会，并当选为总工会执行委员会委员长。

　　1925 年 6 月，全国掀起五卅反帝爱国运动高潮。邓培日夜兼程，于 6 月中旬赶回唐山，组织领导唐山各界群众开展反帝爱国运动，并召开大会，举行示威活动。9 月，根据组织决定，邓培到北京专职从事全国铁路总工会的领导工作。1926 年 2 月，代表全国 18 条主要铁路 21 万工人的全国铁路总工会第三次代表大会在天津召开，邓培主持大会并作了工作报告，会上邓培继续当选为全国铁路总工会委员长。1926 年 5 月初，邓培参加了在广州召开的全国第三次劳动大会。会上，他继续当选中华全国总工会执行委员会委员。旋即，因革命工作需要，邓培到广州兼任全国铁路总工会广东办事处主任。在广东期间，他领导铁路工人支援省港大罢工，组织铁路工人纠察队和省港罢工工人纠察队，先后反击了反动武装对广三铁路总工会的包围，打退了反动武装对粤汉铁路总工会的袭击，粉碎了工贼和反革命势力破坏新宁铁路总工会的阴谋。同年 7 月，邓培把粤汉、广三、广九三条铁路的工人组成交通队，运送北伐军和军用品，支援北伐战争。

　　1927 年 4 月 15 日，国民党反动派开始在广州实行反革命大屠杀，邓培在全国铁路总工会广东办事处不幸被捕。在狱中，邓培宁死不屈，1927 年 4 月 22 日夜间，惨遭敌人秘密杀害，时年 44 岁。

　　中华人民共和国成立后，唐山人民为怀念这位早期的共产党人和杰出的工人运动领袖，重修邓培唐山故居。1990 年 9 月，中国共产党三水县委员会、三水县人民政府在县城西南公园内树立了邓培铜像。1993 年底，中国共产党三水市委员会、三水市人民政府拨出专款修葺石湖州邓关村邓培故居。

阮章（1902—1926），1920年进入京奉铁路唐山制造厂任练习生。进厂后他常和邓培接触，很快成为工人运动积极分子。1921年12月，他在李大钊领导下创建了唐山工人图书馆，发行《工人周刊》，不久又举办工人补习夜校，并利用工人夜校启发工人觉悟，传播马克思主义。1922年5月至1923年8月，阮章任中国社会主义青年团唐山小组干事会负责人、中共唐山地方执行委员会组织部部长。1922年9月初，阮章同邓培一起在唐山工人中组建唐山劳动立法大同盟，开展劳动立法运动，维护工人权益。同年10月至11月间，阮章任京奉路唐山制造厂、开滦五矿总同盟等罢工运动的主要领导成员之一。1924年2月初，阮章代理中共唐山地委书记。1925年1月，阮章代表唐山地区党组织参加在上海召开的中国共产党第四次全国代表大会。1925年8月，他被调到东北铁路锦州机务段任副稽查，并以此身份作掩护，进行革命工作。由于在革命斗争中历尽艰辛，终致积劳成疾，阮章于1926年3月16日因病英年早逝，后被追认为革命烈士。

张振福（1891—1944），是土生土长的唐山人，一个富有传奇色彩的革命者。1916年，张振福被迫到俄国瓦尔瓦波里煤矿当工人。他参加了举世闻名的"十月革命"，光荣加入了布尔什维克。1920年秋，张振福回国，进入唐山北宁铁路机务段工厂电灯房当电灯匠，他经常向工人们宣传革命道理。1922年至1927年，张振福被调到锦州铁路机务段，多次发动并组织工人进行争取福利待遇的斗争。

1928年，中共沟帮子党支部彰武铁路党小组成立，张振福成为成员之一。1931年九一八事变爆发，他积极投身抗日救国的洪流，于1934年春先后组织两次颇具影响的唐山工人大罢工。1944年，张振福不幸在锦州被捕。在狱中，他宁死不屈，惨遭敌人秘密杀害。这位闻名于唐山及辽西地区的赤色工会组织者、活动家，终于实现了自己的诺言——为党和工人阶级的利益牺牲一切！

节振国（1910—1940），是冀东著名的工人抗日民族英雄。1938年3月，开滦煤矿爆发了声势浩大的罢工运动，节振国被推举为赵各庄矿工人纠察队队长。罢工结束后，日伪宪兵包围节家，节振国与敌人展开殊死搏斗。搏斗中他劈杀日本宪兵队队长和数名日伪军，后在工友们的帮助下冲出敌人的包围和追捕，负伤脱险。节振国刀劈日本宪兵的事迹震动了冀东，振奋了人民群众的抗日情绪。

节振国伤愈时，正逢中共冀热边特委按照党中央指示，发动冀东抗日大暴动。闻讯后他迅速联络矿工，竖起抗日大旗，组成工人抗日游击队，参加暴动。不久，他率部加入冀东抗日联军李运昌部，被编为冀东抗联第二路司令部直属特务第一大队，即工人特务大队，节振国任大队长。

1938年7月起，节振国率领部队活跃在矿区和广大农村，发动矿工参加抗日武装，打击日伪军，威震冀东。在工人特务大队的号召和鼓舞下，工人队伍抗日声势日益浩大。由赵各庄矿扩展到开滦煤矿各矿区，数支抗日游击队成立，3000多名工人先后参加了抗

⊕ 节振国

日队伍。节振国率领工人特务大队和日伪军数次激战，两度收复赵各庄、唐家庄矿区，有力地支援和配合了冀东地区的抗日斗争。

在党的领导下，在抗日战争的枪林弹雨中，节振国率领的工人特务大队越战越强，后改编为八路军第十二团一连，为开辟冀东抗日新局面作出了重要贡献。1939年秋，节振国光荣地加入了中国共产党。1940年8月1日，节振国率部与日伪军作战时，壮烈牺牲，时年30岁。

新中国成立后，节振国的英雄事迹被写成小说、编成现代京剧、拍成电影在全国放映，受到社会各界好评，节振国成了家喻户晓的民族英雄。

唐山，是中国共产党在燕赵大地点燃第一个革命火种的地方。红色基因在代代传承中发扬光大，红色革命故事在千万人的心中历久弥新，鼓励着后来者沿着光辉的道路奋勇向前。

今日唐山铁路、煤矿

　　百余年沧桑巨变，冀东重镇唐山焕发出蓬勃生机。因矿而起、因路而兴的唐山，如今已成为全国铁路网最发达的中等城市之一。截至 2022 年底，唐山境内铁路营运总里程达到 1266 公里，铁路网密度 9 公里／百平方公里，是全国铁路网密度较高城市之一。唐山区域路网呈"七横五纵"的主格局："七横"主要是在唐山市境内呈东西走向，连接北京、华南、东北地区的铁路干线，包括大秦铁路（唐山境内 116.7 公里）、京秦（哈）铁路（唐山境内 155.5 公里）、津山铁路（唐山境内 108.4 公里）、津秦客运专线（唐山境内 121 公里）4 条国铁干线，以及七滦铁路（唐山境内 62 公里）、汉南铁路（唐山境内 33.68 公里）2 条国铁支线，以及京唐城际铁路（唐山境内 45.7 公里）；"五纵"主要是唐山市境内呈南北走向铁路，包括迁曹铁路（唐山境内 222.7 公里）、唐包（张唐）铁路（唐山境内 174.7 公里）、唐遵铁路（唐山境内 68 公里）、卑水铁路（唐山境内 54.3 公里）、唐曹铁路（全长 91.5 公里）。

同时，地方在建水曹铁路为唐山市域铁路，全长 98 公里。途经唐山市的城际铁路还包括环渤海铁路唐山段（唐山境内约 78 公里）、津承城际唐山段（唐山境内约 41 公里）、唐山—遵化城际（约 47 公里）、唐山—曹妃甸城际（约 92 公里）以及远期规划的京秦第二城际（唐山境内约 100 公里）5 条城际铁路。

在不久的将来，唐山，这个中国标准轨距铁路诞生的地方，将形成"七横（大秦线、京哈线、津山线、津秦客专、京唐城际、环渤海城际、京秦城际二通道）；五纵（唐包线、迁曹线、唐曹线、水曹线、唐遵城际）；四区域（曹妃甸港区铁路、京唐港区铁路、开滦矿区铁路、迁安矿区铁路）"区域铁路网格局，将全面融入京津冀协同发展，成为全国重要的铁路交通区域枢纽城市。

今天，享有"中国煤炭工业源头""中国近代工业摇篮"等盛誉的开滦（集团）有限责任公司，已经发展成为中国特大型能源化工企业，创造了多个中国近代工业的第一，为国民经济发展作出了重要贡献。跨越三个世纪的开滦，可谓长盛而不衰，历久而弥坚，正在转型发展的道路上砥砺奋进。

说到今日唐胥铁路，不能不重点说说铁路北侧的南湖。当年因采煤塌陷形成的南湖，如今已成为唐山一张亮丽的名片。

南湖改造前是开滦煤矿经过 140 多年开采后形成的采煤沉降区，浪费了大量的土地资源，严重影响了城市的环境和整体形象，制约了城市的发展，影响了市民的工作和生活，给人们的心灵蒙上了一片灰暗的阴影。甚至有人说，唐山兴于煤，亦衰于煤，颇有天道轮回、无可奈何之意。

由于开滦矿多年采煤造成的地表沉降，对铁路运输更是造成了巨大影响，由于采煤沉降区特别是原唐胥铁路路段路基的沉降，造成线路桥设备变形，国家于20世纪70年代启动"压煤改线"工程，铁路由西向北、向东绕过开滦煤矿采煤区。

勤劳勇敢的唐山人民以智慧和汗水实现了"变劣势为优势，化腐朽为神奇"的壮举。为有效改善城市生态环境，经过多年努力，在采煤沉降区建成了一座水域面积11.5平方公里，绿地面积16平方公里的南湖城市中央生态公园。

由于保持了湿地系统的完整，南湖城市中央生态公园被建设部批准为"国家城市湿地公园"，成为新唐山的"城市之肺"，宜居的环境引起世人瞩目。

2020年的夏天和冬天，我分别从唐山和胥各庄两端出发，把唐胥铁路走了两遍。

夏天，是从唐山南站往西走，过了交大道口，顺着铁路路基走进南湖公园，心中涌起无限感慨。站在一座桥台上，放眼北望，昔日记忆中梦魇般的采矿塌陷区，如今已是风景如画的大南湖，作为一个唐山人，作为一个生长在唐胥铁路身边的铁路人，内心充满了自豪与振奋之情。

美丽的南湖。 刘权国 / 摄

冬天，是从胥各庄站往东走，迎着一场雪，如同走进了一段时空隧道，仿佛看见远远驶来的"龙号"机车，仿佛看见一个个与唐胥铁路相关的人物和工匠们沿着路基走来。委婉的钢轨仿佛被雪花擦得更亮了，它如同穿越沧桑的金属指针，触摸到历史风云与世间冷暖，在心中画出一道优美的记忆弧线。

的确，但凡回到丰南胥各庄老家，我总爱到铁路边走走，看看，也没有什么目的，就是想常来看看唐胥铁路，和它多待一会。风笛悠扬，轮轨铿锵，我真切感到这条老铁路是有生命的，我们仿佛能够触摸和聆听到彼此的脉搏与心音。

后记

稿纸上的小火车

　　百余年前，中国铁路和蒸汽机车在唐山开平煤矿诞生，中国近代工业开始在这里孕育、传播和兴盛，由洋务运动开办煤矿和修筑铁路萌发的中国工业文明，逐渐改变了中国人的生活方式，中国从此走进了工业文明时代。如果把今天中华大地上纵横交织的铁路网，比作拉动社会进步与发展的"龙脉"，那么，唐胥铁路则是名副其实的龙脉之源。

　　回望历史，中国铁路建设筚路蓝缕，异常艰难，唐胥铁路像一部历史纪录片，浓缩着中华民族一百多年前屈辱、彷徨、觉醒、奋争的斑驳影像。唐胥铁路在钢轨和枕木之下，积压着难以记述的沉重回忆。

　　前些年，随着一部反映唐胥铁路的电视连续剧《大龙脉》热播，唐胥铁路的故事走进更多人的视野，那些晚清、民国旧事，成了大家茶余饭后的话题。人们习惯用"巨龙奔驰"来形容铁路与火车，而这个奇妙的比喻正是从唐胥铁路开始的。当年工人师傅们把两条龙镶嵌在中国人造出的第一台机车上,"龙号"机车就这样传开了。

唐胥铁路是我国珍贵的近代工业文物和宝贵遗产,但又不仅仅是文物和遗产。随着人们对唐胥铁路的关注、研究与思考,很多人产生了这样的共识:唐胥铁路既是一段老铁路,又是一个事件,还是一种现象。既然能够以现象学的观点来解析与研究唐胥铁路,那么,关乎这个现象的任何细节,都有助于提高对其研究的精确度。严谨依据史料记载,加入一定的主观想象,努力探寻真实的唐胥铁路,就变成一件非常有意义和有意思的事情。

喜欢钢轨、火车,痴迷于围绕它们的劳动,更喜欢探究铁路长廊中那些"走远的风景"。一列喘息的火车,一根披历沧桑的枕木,一个巡道工渐行渐远的身影,一枚废弃的道钉,一摊洒在路基上的油渍,一架戴着遮阳帽腰杆笔直的信号灯……这一切,都让我为之沉醉。

在写作这本书的一年多时间里,我几次来到唐胥铁路,寻访、拍照,与之进行心灵对话。我甚至几次梦到它,如同进入一段历史的走廊,逆着时光向前看过去,李鸿章、唐廷枢、金达、盛宣怀、伍廷芳、王文韶、詹天佑、邓培、茅以升……一个个鲜活的人物沿着长长的路基向我走来,仿佛都在向我讲述着一段与唐胥铁路有关的历史。

我常想,那个真实的唐胥铁路,可能已经永远地消失在遥远的过去了。百余年过去了，或许它的含义就藏在中国万里铁道线的每一根枕木之下，在轮轨唰唰的"诵读"中生发出常读常新的意义。退一步说，唐胥铁路作为一段"国宝级"的老铁路，其产生背景、修建原因、设备状况，等等，虽然这些基本问题早有定论，却仍有不小的探究空间。当我们把一个个围绕唐胥铁路的历史事件和历史人物梳理在一起，重新辨别彼此之间的关系时，的确会不由自主地改变一些对这条铁路，乃至对那个时代中国的认知和看法。

本书要表达和叙述的不仅是这些，如果仅仅把唐胥铁路作为文物对象，进行以抵近真实原貌为目的的说明和解读对象的话，我们就有些委屈唐胥铁路了。就如我们在叙述这根"最早的枝条"的时候，不仅仅要说到它是由谁栽种的，什么时候栽种的，支持者和反对者都是如何表现的，这根枝条多长、多粗，什么形态，还要说一说它生根发芽、逐渐生长、延伸变化的过程，说一说这根枝条结出的"果实"，包括近的果实和远的果实，包括具象的果实和抽象的果实，还有果实散发出的香气……甚至它生长的土壤，以及它经历过的雨雪风霜。

对中国铁路史而言，唐胥铁路特别像一根导火索。是的，唐胥铁路这根巨大的线索，连着我国第一座现代化煤矿、第一台机车、最早的两个沿用至今的火车站、第一座水泥厂、第一座公铁立交桥、第一个机车车辆厂、第一所工程高等学府……唐胥铁路这根导火索，实际上是在清末洋务运动的历史背景下，引发了我国近代北方的一场工业革命。

进而，颇为值得思考的还有与其密切相关的工业文化现象。产业革命以后，西方先进工业技术在试图进入一个封建王朝领地时，所遇到的困难、反复、尴尬和匪夷所思。透过对铁路和火车的支持与反对的表面现象，如何认识数千年农耕文化积淀下的民族心理在"千年未有之大变局"中的艰难转型，这一时期的实业家们如何在封建王朝穷途末路、日薄西山，以及外国列强的侵略、掠夺、蚕食、觊觎的内外交困中，走钢丝一般，奠定了中国最初的现代工业基础，等等。唐胥铁路钢轨轨顶这闪光的狭长"镜面"，不仅照见沧桑，重现百余年前围绕唐胥铁路的人和事，还从温故知新的角度，对我们今天如何认识自己，认识铁路，乃至认识当代中国，或多或少会有一些参照与启发。

实现这个美好的想法并不是一厢情愿的事情，更不是一个简单而容易的过程，也极有可能是认真努力地做了一件力不能及，甚至费力不讨好的事情。但对于我，一个39年前参加工作时就在唐胥铁路上劳作的人来说，这个命题既充满了诱惑，也可以说是宿命的安排。

我曾经在施工挖开的唐胥铁路路基中，看到被车轮年复一年压沉到路基中的几尺深的旧道砟，那些发黑的泥土与压碎的石子像混凝土一样坚硬。我想，在唐胥铁路身下，一定埋藏着中国铁路最原初的"密码"，而这些密码的含义有很多会超越钢轨与火车的范畴。

钢轨和枕木界定的长方格，如一个个连续铺陈的长廊之窗，更像一道大地上铺展的电影胶片，当我们低下头来探进这些窗口，会看到很多鲜活的场景在大地中慢慢复活，一个个鲜活的人物展开生动的故事。如今，它像一列旧时光中的老火车，正在与我们渐行渐远。

百年沧桑，历史巨变，抚今追昔，换了人间。今天，中国人比历史上任何时候都充满自信、充满自豪。今天的中国铁路，更是成为拉动经济社会发展的大动脉，成为社会主义现代化强国和中华民族伟大复兴的重要标志和组成部分，成为世界铁路发展的重要推动者和全球铁路规则制定的重要参与者。

从唐胥铁路开始，中国铁路百余年的发展，令人感怀与振奋！今天的历程就是明天的历史。回望历史，我们往往可以获得奋进前行的力量！

2023 年 2 月于北京

七深铁路（原唐胥铁路段）穿越南湖。　刘权国／摄